バランス献立シリーズ 7

改訂新版

1400kcalの和風献立

献立・料理●滝沢真理

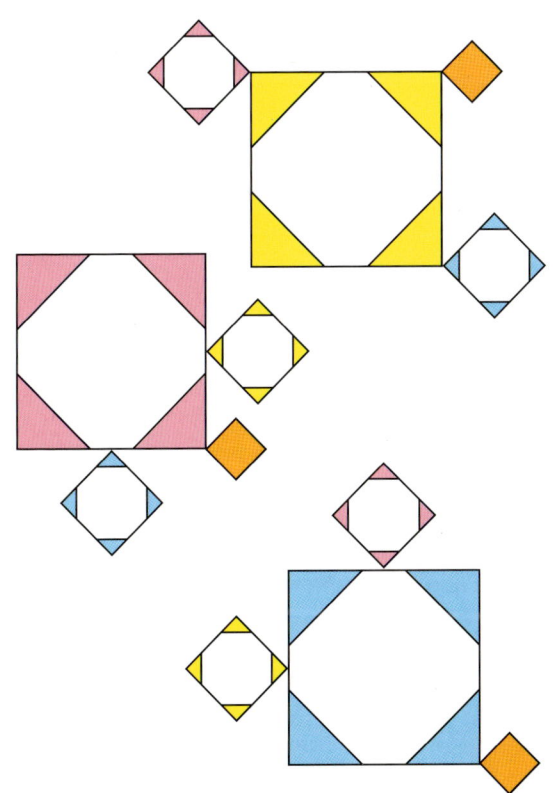

この本を利用するために

1400kcalの献立とは

1日のエネルギー摂取量は、性別、年齢、活動量など個人によって違いますが、健康な成人男女の基本となるエネルギー摂取量は約1600kcalです。

また、人はなにもせずにじっとしているだけでもエネルギーを消費します。これを基礎代謝といい、生きていくために不可欠なエネルギー量で、動作の軽い成人女性の基礎代謝量は約1200kcalです。

1400kcalというエネルギー量は、これらのちょうど中間にあたるエネルギー量です。

こういうかたにおすすめします

糖尿病、動脈硬化、心臓病などの成人病で医師に1400kcalの食事を指示されたかたにおすすめします。

また、1600kcalの食事をしてかつ適度の運動をしても体重が減らずに肥満が解消できない人におすすめします。

そのほかに、同じエネルギー量を食べていても中高年になると体の機能がしだいに低下し、それに伴って代謝不全が起こってきます。中高年になってくると今までと同じエネルギーをとり、同じように活動しても、それまでのようには消費されず、その差が余分なエネルギーとなり肥満へとつながります。それを防ぐには運動量を増やすか、摂取エネルギーを減らすことが必要になります。そのときに1400kcalの献立をおすすめします。

ただし、1400kcalの献立を実行して週に1kg以上も体重が減ってしまう場合は、摂取エネルギー量を増やします。そのさいには本書のシリーズ『1600kcalの和風献立』『1600kcalの洋風献立』を参考にしてください。

栄養バランスのとれた献立を立てる

摂取エネルギーを制限する場合、食べる量を減らせばいいと単純に考えがちですがそ

●食事摂取基準

例：20歳代女性

たんぱく質	50g／日 ※1
脂肪エネルギー比率	20%以上30%未満 ※2
カルシウム	650mg／日 ※1
鉄	10.5mg／日 ※4
ビタミンA（レチノール当量）	650μgRE／日 ※1
ビタミンB1	1.1mg／日 ※1
ビタミンB2	1.2mg／日 ※1
ビタミンC	100mg／日 ※1

※1 推奨量
※2 目標量
※3 目安量
※4 推奨量（月経あり）
※5 脂肪エネルギー比率はエネルギー摂取量に占める割合。
1200kcalの場合、240～360kcal（26.7～40g）

「日本人の食事摂取基準（2010年版）」（厚生労働省）より

れはまちがいです。摂取エネルギーを減らしても必要な栄養素は確保しなければなりません。そして食べる量は減らさず、ローエネルギーの食品などを利用して満足感のある献立作りを心がけましょう。

食品は栄養素の働きの特徴によって「4つの食品群」に分けられます。この第1〜4群の中の食品をまんべんなくとることによって自然に栄養のバランスがとれます。基本的には第1〜3群で必要な栄養素を確保し、第4群でエネルギーの増減を調整します。

献立は主食、主菜、副菜、汁物の組み合わせが基本です。1400kcalの献立にするには、摂取エネルギーは、朝食300〜450kcal、昼食350〜500kcal、夕食400〜550kcalが理想的です。

基本献立からスタートします

この本の基本献立とデザート(120ページ〜)を使い、1日1350〜1450kcalで各栄養素摂取量をほぼ満たし、塩分10g前後で組み合わせたものが6〜8ページの「1日献立の組み合わせ例」です。

まずはこの献立の組み合わせ例をそのまま実践して、1400kcalの献立に慣れていきましょう。続けていくうちに献立の立て方や食品の使い方が把握でき、自分で献立をアレンジできるようになります。

成功させるコツは計量すること

1日の摂取エネルギーを1400kcal前後にするには、材料表どおりの分量で料理を作ることが必須条件です。目分量で料理を作るとエネルギー等に誤差が出てしまいます。はかりと計量カップ、計量スプーンを用意してきちんと計って調理をするようにしましょう。慣れてくるとなにをどれくらい食べたらよいかがわかるようになります。

●「4つの食品群」について

♠第1群

乳・乳製品、卵

栄養を完全にする重要な食品群。良質たんぱく質をはじめ、日本人に不足しがちなカルシウムなどをバランスよく含む。優先的にとりたい食品。手軽にとれるものばかりなので、つねにとる習慣をつけるとよい。

♥第2群

肉類、魚介、豆・豆製品

からだや筋肉をつくる食品群。おもに良質たんぱく質源。そのほかに、脂質、ビタミンA・B_1・B_2、カルシウムも含む。動物性たんぱく質と植物性たんぱく質があり、両方をバランスよくとるのがよい。

♣第3群

野菜、芋、くだもの、海藻、きのこ

からだの働きを円滑にする食品群。ビタミンA・B_1・B_2・C、ミネラル、食物繊維を含む。野菜は色の濃い緑黄色野菜、その他の淡色野菜に区別する。ビタミンが多いくだもの、芋、ローエネルギーの海藻、きのこを含む。

◆第4群

穀物、砂糖、油脂

力や体温となるエネルギー源の食品群。炭水化物、脂質を含む。穀類を優先的にとるようにし、砂糖や油脂は調味料として適量使う。菓子、アルコールなどの嗜好品は、食べすぎれば肥満の原因になるので注意をする。

バランス献立シリーズ

改訂新版

1400kcalの和風献立

目　次

朝食、昼食、夕食それぞれ15献立に、①〜⑮の番号をふり、献立のエネルギー、たんぱく質(P)、脂質(F)、炭水化物(C)量を表示しました。6〜8ページの「1日献立の組み合わせ例」では献立を番号で表記してあります。わかりやすいように朝食を赤色、昼食を黄色、夕食を青色に色分けしました。

この本を利用するために……2
朝昼夕の基本献立一覧……4
1日献立の組み合わせ例
　朝食メーンのパターン……6
　昼食メーンのパターン……7
　夕食メーンのパターン……8
応用献立を活用するために……9
栄養成分値つき料理一覧……124

応用献立を作るための一品料理のバリエーション

ひとなべで作る主菜+副菜の1皿　26
スピード野菜料理……58
1皿で昼食……78
具だくさんの汁物……100
エネルギーほどほどの主菜……116
和風デザート……120

朝　食

1 和風スクランブルエッグ献立 438kcal P20.4g F11.5g C62.5g　10
2 きのこ入りオムレツ献立 421kcal P22.4g F11.7g C56.1g　12
3 ツナと三つ葉の卵とじ献立 434kcal P19.6g F11.4g C63.4g　14
4 卵のおろし煮献立 384kcal P17.4g F9.3g C55.7g　16
5 ひじき入りオープンオムレツ献立 405kcal P18.5g F7.7g C65.5g　18
6 ツナのたたき風献立 333kcal P21.0g F2.3g C59.4g　20
7 ツナと大根のいり煮献立 340kcal P20.6g F3.4g C58.5g　22
8 凍り豆腐と青梗菜の煮物献立 354kcal P15.7g F8.5g C53.6g　24
9 サケ缶とセロリの具だくさん汁献立 355kcal P18.0g F2.9g C65.6g　30
10 豆腐とキャベツのいため物献立 426kcal P19.4g F11.2g C62.0g　32
11 麩と卵のいため煮献立 427kcal P20.5g F9.8g C65.7g　34
12 タラと野菜の煮物献立 363kcal P26.1g F1.3g C60.8g　36
13 サケのレモン蒸し献立 416kcal P25.9g F6.5g C61.6g　38
14 豚肉とセロリのさっと煮献立 343kcal P19.4g F5.1g C52.8g　40
15 和風チャウダー献立 469kcal P29.8g F4.5g C78.9g　42

朝昼夕の基本献立一覧

夕食

1	アジのたたき焼き献立	453kcal P32.2g F6.5g C63.9g	82
2	カレイのカレーじょうゆ煮献立	432kcal P29.0g F4.3g C63.9g	84
3	アジの焼き南蛮献立	435kcal P30.3g F6.7g C59.4g	86
4	タコのから揚げ おろし添え献立	501kcal P30.5g F12.4g C63.9g	88
5	くずし豆腐の鉢蒸し献立	384kcal P21.9g F8.5g C53.4g	90
6	エビのさんしょう焼き献立	409kcal P33.6g F1.9g C61.1g	92
7	イカのしそ焼き献立	453kcal P36.0g F5.7g C61.7g	94
8	ホタテ貝柱のうすくず煮献立	434kcal P23.4g F1.5g C80.3g	96
9	豚肉の酢煮献立	452kcal P31.4g F6.3g C69.0g	98
10	鶏肉の網焼き 薬味おろしかけ献立	475kcal P36.2g F10.6g C54.6g	104
11	牛肉とさやいんげんのしょうゆ煮献立	411kcal P25.2g F9.4g C55.5g	106
12	ささ身のねぎみそはさみ焼き献立	406kcal P28.0g F4.3g C61.9g	108
13	豚肉とキャベツの重ね蒸し献立	460kcal P36.0g F6.3g C59.6g	110
14	ゆで豚のオクラソースかけ献立	471kcal P30.2g F8.7g C62.9g	112
15	鶏肉のからし酢かけ献立	397kcal P30.1g F6.0g C51.1g	114

昼食

1	牛肉のしぐれ煮弁当	501kcal P26.6g F17.1g C55.2g	44
2	鶏肉のマスタードつけ焼き弁当	401kcal P34.0g F4.9g C48.3g	46
3	サケのレモンじょうゆ焼き弁当	394kcal P27.8g F5.0g C54.5g	48
4	イカの照り煮弁当	510kcal P31.7g F10.3g C72.2g	50
5	豚肉とこんにゃくの辛味いため弁当	404kcal P24.2g F8.0g C58.2g	52
6	ささ身のわさび焼き弁当	460kcal P39.8g F3.0g C64.6g	54
7	豚肉の野菜巻き焼き弁当	465kcal P29.5g F11.6g C58.7g	56
8	サラダ風冷やしうどん献立	392kcal P27.1g F2.0g C65.5g	62
9	きのこの温めん献立	367kcal P27.1g F7.6g C49.5g	64
10	雑菜そば献立	436kcal P27.8g F10.4g C57.7g	66
11	サケとレタスの混ぜご飯献立	442kcal P34.2g F8.4g C55.5g	68
12	にんじんご飯のきじ焼き丼献立	400kcal P26.6g F7.0g C51.6g	70
13	ひじきご飯のタコきゅうり丼献立	423kcal P26.8g F4.1g C71.5g	72
14	和風クイックシチュー献立	493kcal P27.5g F10.4g C73.0g	74
15	豚肉とキャベツのソースいため献立	511kcal P30.9g F12.2g C68.0g	76

あ 朝食メーンのパターン ―― 1日献立の組み合わせ例 ――

朝食、昼食、夕食の各15の基本献立（○の中の数字は献立の番号）と120～123ページに掲載したデザート（1～6）と牛乳（Ⓜ＝141kcal）を使って朝食中心に組み合わせたもの。

1 和風スクランブルエッグ	2	46	3	86		Ⓜ
1 和風スクランブルエッグ	3	48	11	106		Ⓜ
1 和風スクランブルエッグ	9	64	9	98	2	Ⓜ
1 和風スクランブルエッグ	14	74	10	104		
2 きのこ入りオムレツ	2	46	13	110	5	Ⓜ
2 きのこ入りオムレツ	4	50	14	112	1	
2 きのこ入りオムレツ	8	62	15	114		Ⓜ
2 きのこ入りオムレツ	11	68	9	98		Ⓜ
3 ツナと三つ葉の卵とじ	5	52	15	114		Ⓜ
3 ツナと三つ葉の卵とじ	11	68	14	112		
3 ツナと三つ葉の卵とじ	12	70	8	96		Ⓜ
3 ツナと三つ葉の卵とじ	15	76	2	84		
4 卵のおろし煮	2	46	9	98		Ⓜ
4 卵のおろし煮	5	52	4	88		Ⓜ
4 卵のおろし煮	10	66	1	82		Ⓜ
4 卵のおろし煮	12	70	13	110		Ⓜ
5 ひじき入りオープンオムレツ	2	46	2	84		Ⓜ
5 ひじき入りオープンオムレツ	4	50	13	110	5	
5 ひじき入りオープンオムレツ	10	66	4	88		Ⓜ
5 ひじき入りオープンオムレツ	14	74	3	86		Ⓜ
6 ツナのたたき風	4	50	6	92		Ⓜ
6 ツナのたたき風	6	54	7	94		Ⓜ
6 ツナのたたき風	7	56	8	96		Ⓜ
6 ツナのたたき風	12	70	5	90	3	Ⓜ
7 ツナと大根のいり煮	1	44	12	108		Ⓜ
7 ツナと大根のいり煮	9	64	10	104		Ⓜ
7 ツナと大根のいり煮	11	68	4	88		
7 ツナと大根のいり煮	13	72	5	90	5	Ⓜ
8 凍り豆腐と青梗菜の煮物	3	48	14	112		Ⓜ
8 凍り豆腐と青梗菜の煮物	4	50	11	106	6	Ⓜ
8 凍り豆腐と青梗菜の煮物	12	70	7	94		Ⓜ
8 凍り豆腐と青梗菜の煮物	15	76	5	90		Ⓜ
9 サケ缶とセロリの具だくさん汁	7	56	1	82		Ⓜ
9 サケ缶とセロリの具だくさん汁	9	64	7	94	3	Ⓜ
9 サケ缶とセロリの具だくさん汁	10	66	2	84		Ⓜ
9 サケ缶とセロリの具だくさん汁	11	68	15	114	2	
10 豆腐とキャベツのいため物	3	48	13	110		Ⓜ
10 豆腐とキャベツのいため物	6	54	11	106	4	Ⓜ
10 豆腐とキャベツのいため物	8	62	3	86		Ⓜ
10 豆腐とキャベツのいため物	14	74	4	88		
11 麩と卵のいため煮	1	44	12	108		
11 麩と卵のいため煮	8	62	8	96	4	Ⓜ
11 麩と卵のいため煮	14	74	6	92		Ⓜ
11 麩と卵のいため煮	15	76	9	98		
12 タラと野菜の煮物	1	44	6	92		Ⓜ
12 タラと野菜の煮物	3	48	10	104		Ⓜ
12 タラと野菜の煮物	7	56	15	114	3	Ⓜ
12 タラと野菜の煮物	15	76	1	82	1	Ⓜ
13 サケのレモン蒸し	5	52	2	84		Ⓜ
13 サケのレモン蒸し	10	66	5	90		Ⓜ
13 サケのレモン蒸し	14	74	7	94		Ⓜ
13 サケのレモン蒸し	15	76	11	106		Ⓜ
14 豚肉とセロリのさっと煮	6	54	6	92	1	Ⓜ
14 豚肉とセロリのさっと煮	8	62	10	104	2	Ⓜ
14 豚肉とセロリのさっと煮	12	70	4	88		Ⓜ
14 豚肉とセロリのさっと煮	13	72	3	86	3	Ⓜ
15 和風チャウダー	1	44	1	82		
15 和風チャウダー	7	56	2	84		
15 和風チャウダー	10	66	10	104		
15 和風チャウダー	13	72	14	112		Ⓜ

ひ 昼食 メーンのパターン——1日献立の組み合わせ例——

6ページの基本献立の組み合わせ例を昼食中心に展開したものです。昼食①〜⑦はお弁当、⑧〜⑮は家で食べる献立です。ライフスタイルに合わせて選んでください。

7	22	1	牛肉のしぐれ煮	12	108		Ⓜ
11	34	1	牛肉のしぐれ煮	12	108		
12	36	1	牛肉のしぐれ煮	6	92		Ⓜ
15	42	1	牛肉のしぐれ煮	1	82		
1	10	2	鶏肉のマスタードつけ焼き	3	86		Ⓜ
2	12	2	鶏肉のマスタードつけ焼き	13	110	5	Ⓜ
4	16	2	鶏肉のマスタードつけ焼き	9	98		Ⓜ
5	18	2	鶏肉のマスタードつけ焼き	2	84		Ⓜ
1	10	3	サケのレモンじょうゆ焼き	11	106		Ⓜ
8	24	3	サケのレモンじょうゆ焼き	14	112		Ⓜ
10	32	3	サケのレモンじょうゆ焼き	13	110		Ⓜ
12	36	3	サケのレモンじょうゆ焼き	10	104		Ⓜ
2	12	4	イカの照り煮	14	112	1	
5	18	4	イカの照り煮	13	110	5	
6	20	4	イカの照り煮	6	92		Ⓜ
8	24	4	イカの照り煮	11	106	6	Ⓜ
3	14	5	豚肉とこんにゃくの辛味いため	15	114		Ⓜ
4	16	5	豚肉とこんにゃくの辛味いため	4	88		Ⓜ
13	38	5	豚肉とこんにゃくの辛味いため	2	84		Ⓜ
6	20	6	ささ身のわさび焼き	7	94		Ⓜ
10	32	6	ささ身のわさび焼き	11	106	4	Ⓜ
14	40	6	ささ身のわさび焼き	6	92	1	Ⓜ
6	20	7	豚肉の野菜巻き焼き	8	96		Ⓜ
9	30	7	豚肉の野菜巻き焼き	1	82		Ⓜ
12	36	7	豚肉の野菜巻き焼き	15	114	3	Ⓜ
15	42	7	豚肉の野菜巻き焼き	2	84		
2	12	8	サラダ風冷やしうどん	15	114		Ⓜ
10	32	8	サラダ風冷やしうどん	3	86		Ⓜ
11	34	8	サラダ風冷やしうどん	8	96	4	Ⓜ
14	40	8	サラダ風冷やしうどん	10	104	2	Ⓜ
1	10	9	きのこの温めん	9	98	2	Ⓜ
7	22	9	きのこの温めん	10	104		Ⓜ
9	30	9	きのこの温めん	7	94	3	Ⓜ
4	16	10	雑菜そば	1	82		Ⓜ
5	18	10	雑菜そば	4	88		Ⓜ
9	30	10	雑菜そば	2	84		Ⓜ
13	38	10	雑菜そば	5	90		Ⓜ
15	42	10	雑菜そば	10	104		
2	12	11	サケとレタスの混ぜご飯	9	98		Ⓜ
3	14	11	サケとレタスの混ぜご飯	14	112		
7	22	11	サケとレタスの混ぜご飯	4	88		
9	30	11	サケとレタスの混ぜご飯	15	114	2	
3	14	12	にんじんご飯のきじ焼き丼	8	96		Ⓜ
4	16	12	にんじんご飯のきじ焼き丼	13	110		Ⓜ
6	20	12	にんじんご飯のきじ焼き丼	5	90	3	Ⓜ
8	24	12	にんじんご飯のきじ焼き丼	7	94		Ⓜ
14	40	12	にんじんご飯のきじ焼き丼	4	88		Ⓜ
7	22	13	ひじきご飯のタコきゅうり丼	5	90	5	Ⓜ
14	40	13	ひじきご飯のタコきゅうり丼	3	86	3	Ⓜ
15	42	13	ひじきご飯のタコきゅうり丼	14	112		Ⓜ
1	10	14	和風クイックシチュー	10	104		
5	18	14	和風クイックシチュー	3	86		Ⓜ
10	32	14	和風クイックシチュー	4	88		
11	34	14	和風クイックシチュー	6	92		Ⓜ
13	38	14	和風クイックシチュー	7	94		Ⓜ
3	14	15	豚肉とキャベツのソースいため	2	84		
8	24	15	豚肉とキャベツのソースいため	5	90		Ⓜ
11	34	15	豚肉とキャベツのソースいため	9	98		
12	36	15	豚肉とキャベツのソースいため	1	82	1	Ⓜ
13	38	15	豚肉とキャベツのソースいため	11	106		Ⓜ

ゆ 夕食 メーンのパターン ―― 1日献立の組み合わせ例

6ページの基本献立の組み合わせ例を夕食中心に展開したものです。掲載ページの写真を参考にし、気に入った献立があったら、それを中心に1日の献立を立てましょう。

4	16	10	66	1	アジのたたき焼き		Ⓜ
9	30	7	56	1	アジのたたき焼き		Ⓜ
12	36	15	76	1	アジのたたき焼き	1	Ⓜ
15	42	1	44	1	アジのたたき焼き		
3	14	15	76	2	カレイのカレーじょうゆ煮		
5	18	2	46	2	カレイのカレーじょうゆ煮		Ⓜ
9	30	10	66	2	カレイのカレーじょうゆ煮		Ⓜ
13	38	5	52	2	カレイのカレーじょうゆ煮		Ⓜ
15	42	7	56	2	カレイのカレーじょうゆ煮		
1	10	2	46	3	アジの焼き南蛮		Ⓜ
5	18	14	74	3	アジの焼き南蛮		Ⓜ
10	32	8	62	3	アジの焼き南蛮		Ⓜ
14	40	13	72	3	アジの焼き南蛮	3	Ⓜ
4	16	5	52	4	タコのから揚げ		Ⓜ
5	18	10	66	4	タコのから揚げ		Ⓜ
7	22	11	68	4	タコのから揚げ		
10	32	14	74	4	タコのから揚げ		
14	40	12	70	4	タコのから揚げ		Ⓜ
6	20	12	70	5	くずし豆腐の鉢蒸し	3	Ⓜ
7	22	13	72	5	くずし豆腐の鉢蒸し	5	Ⓜ

8	24	15	76	5	くずし豆腐の鉢蒸し		Ⓜ
13	38	10	66	5	くずし豆腐の鉢蒸し		Ⓜ
6	20	4	50	6	エビのさんしょう焼き		Ⓜ
11	34	14	74	6	エビのさんしょう焼き		Ⓜ
12	36	1	44	6	エビのさんしょう焼き		Ⓜ
14	40	6	54	6	エビのさんしょう焼き	1	Ⓜ
6	20	6	54	7	イカのしそ焼き		Ⓜ
8	24	12	70	7	イカのしそ焼き		Ⓜ
9	30	9	64	7	イカのしそ焼き	3	Ⓜ
13	38	14	74	7	イカのしそ焼き		Ⓜ
3	14	12	70	8	ホタテ貝柱のうすくず煮		Ⓜ
6	20	7	56	8	ホタテ貝柱のうすくず煮		Ⓜ
11	34	8	62	8	ホタテ貝柱のうすくず煮	4	Ⓜ
1	10	9	64	9	豚肉の酢煮	2	Ⓜ
2	12	11	68	9	豚肉の酢煮		Ⓜ
4	16	2	46	9	豚肉の酢煮		Ⓜ
11	34	15	76	9	豚肉の酢煮		
1	10	14	74	10	鶏肉の網焼き		
7	22	9	64	10	鶏肉の網焼き		Ⓜ
12	36	3	48	10	鶏肉の網焼き		Ⓜ

14	40	8	62	10	鶏肉の網焼き	2	Ⓜ
15	42	10	66	10	鶏肉の網焼き		
1	10	3	48	11	牛肉とさやいんげんのしょうゆ煮		Ⓜ
8	24	4	50	11	牛肉とさやいんげんのしょうゆ煮	6	Ⓜ
10	32	6	54	11	牛肉とさやいんげんのしょうゆ煮	4	Ⓜ
13	38	15	76	11	牛肉とさやいんげんのしょうゆ煮		Ⓜ
7	22	1	44	12	ささ身のねぎみそはさみ焼き		Ⓜ
11	34	1	44	12	ささ身のねぎみそはさみ焼き		
2	12	2	46	13	豚肉とキャベツの重ね蒸し	5	Ⓜ
4	16	12	70	13	豚肉とキャベツの重ね蒸し		Ⓜ
5	18	4	50	13	豚肉とキャベツの重ね蒸し	5	
10	32	3	48	13	豚肉とキャベツの重ね蒸し		Ⓜ
2	12	4	50	14	ゆで豚のオクラソースかけ	1	
3	14	11	68	14	ゆで豚のオクラソースかけ		
8	24	3	48	14	ゆで豚のオクラソースかけ		Ⓜ
15	42	13	72	14	ゆで豚のオクラソースかけ		Ⓜ
2	12	8	62	15	鶏肉のから し酢かけ		Ⓜ
3	14	5	52	15	鶏肉のから し酢かけ		Ⓜ
9	30	11	68	15	鶏肉のから し酢かけ	2	
12	36	7	56	15	鶏肉のから し酢かけ	3	Ⓜ

応用献立を活用するために

まず基本献立の実践から始めてください

最初は6〜8ページの「1日献立の組み合わせ例」をそのまま実践してください。基本献立に慣れたら、自分自身で朝・昼・夕の基本献立を組み合わせて1日の献立を立ててもかまいません。献立の組み合わせを考えるときには、主菜が肉ばかり、魚ばかりに偏らないように、また料理法が重ならないように注意してください。

応用献立例を使って1日の献立を考えます

料理の組み合わせ方がわかったら、それぞれの基本献立に示した「応用献立例の3パターン」を使って1日の献立を立ててみましょう。

応用献立例は、基本献立を基に一品料理のバリエーションの中の料理や別の基本献立の料理を使って、主菜を変えずに副菜等を変えたものと、副菜を変えずに主菜を変えたものです。塩分とエネルギーは基本献立とほぼ同じにしてあります。

この本で示した3パターン以外にも、料理の組み合わせを変えて新しい献立を作ることができます。そのさいには、主菜は主菜同士、副菜は副菜同士でほぼ同じエネルギー・塩分のものと交換すると調整しやすいでしょう。

料理の組み合わせを考えるときには、124〜127ページの「栄養成分値つき料理一覧」を参考にしてください。さらに、バランス献立シリーズ⑧『1400kcalの洋風献立』も参考にすれば、和風、洋風を組み合わせた献立ができます。

材料表・作り方の見方

・分量はすべて正味重量で示してあります。
・調味料の分量は、計量カップ・スプーンで示してあります。
・電子レンジの加熱時間は500Wのものを使った場合です。400Wの場合は2割増しに、600Wの場合は2割減を目安に加熱してください。

材料表

基本的には2人分。ただし、昼食は1人分です。

献立ナンバー

朝食●、昼食●、夕食●が各15献立ずつ計45献立の基本献立。エネルギーはすべて1人分。

でき上がり写真

すべて1人分で紹介。

この本の中の料理を活用して基本献立を変化させた応用献立例。
■内の数字は料理の掲載ページ。

作り方

初心者のかたでも作れるようにしてあります。

1 和風スクランブルエッグ献立……438kcal

Ⓐ和風スクランブルエッグⒷ野菜たっぷり煮物Ⓒ胚芽精米ご飯Ⓓフルーツ

食物繊維と鉄分がたっぷりの献立です。特に、ブロッコリーとキウイフルーツはその両方を多く含む食品です。

■材料（2人分）■

Ⓐ和風スクランブルエッグ

卵……3個
焼きのり……1枚（3g）
サクラエビ（乾）……10g
あさつき……10g
ごま油……小さじ1
サラダ菜……20g

Ⓑ野菜たっぷり煮物

にんじん……60g
ブロッコリー……60g
かぶ……120g
a ｛だし……1½カップ
塩……小さじ⅓
しょうゆ……小さじ⅔
酒……小さじ2

Ⓒ胚芽精米ご飯……220g

Ⓓフルーツ

キウイフルーツ……200g

作り方

A和風スクランブルエッグ

❶のりは小さくちぎり、あさつきは小口切りにする。

❷卵をときほぐし、①（飾り用に少しとり分けておく）とサクラエビを加えて混ぜる。

❸フッ素樹脂加工のフライパンにごま油を熱して②を流し入れ、手早く混ぜてふんわりとしたいり卵を作る。

❹器にサラダ菜を敷いて③を盛り、とり分けておいたのりとあさつきを散らす。

B野菜たっぷり煮物

❶にんじんは7～8㎜厚さの半月切りにする。ブロッコリーは小房に分ける。

❷かぶは茎を2㎝ほど残して葉を切り落とし、水の中で竹串を使って茎の間のごみをとり除き、縦に8つ割りにする。

❸なべにaとにんじんを入れ、中火で煮る。八分どおり火が通ったらかぶを加え、3分ほど煮てブロッコリーを加え、やわらかくなったら火を消す。

❹煮汁ごと器に盛る。

Dフルーツ

キウイフルーツは皮をむいて食べやすい大きさに切る。

胚芽精米について──1
［炊き方］

●材料4人分（炊き上がり胚芽精米ご飯440g）

胚芽精米……1⅕カップ
水（米の容量の3～5割増し）……1½～⅘カップ

●炊き方

❶胚芽精米は洗わずに炊飯器の釜に入れる。

❷分量の水を加え、夏季で1時間以上、冬季で2時間以上吸水させる。

❸炊飯器のスイッチを入れ、炊き上がったら10分蒸らす。

❹全体をふんわりと混ぜる。

●余りは1食分ずつラップに包んで冷凍保存する。食べるときに電子レンジで2～3分加熱。

■応用献立例の3パターン■

	主菜	主食	副菜①・汁物	副菜②・くだもの
Ⅰ 411kcal	和風スクランブルエッグ 158kcal	胚芽精米ご飯 184kcal	野菜たっぷり煮物 43kcal	大根のごま酢あえ 61 26kcal
Ⅱ 416kcal	和風スクランブルエッグ 158kcal	胚芽精米ご飯 184kcal	キャベツといんげんのすまし汁 100 21kcal	キウイフルーツ 53kcal
Ⅲ 380kcal	サケとレタスの混ぜご飯 68 284kcal		野菜たっぷり煮物 43kcal	キウイフルーツ 53kcal

A
B
C
D

2 きのこ入りオムレツ献立……421 kcal

Ⓐきのこ入りオムレツⒷ小松菜のお浸しⒸもやしときくらげのみそ汁Ⓓ胚芽精米ご飯

■材料(2人分)■

Ⓐきのこ入りオムレツ
- 卵……2個
- 牛もも薄切り肉(脂身なし)……50g
- 生しいたけ……8枚(80g)
- 玉ねぎ……80g
- a
  - だし……大さじ4
  - 酒……小さじ2
  - しょうゆ……小さじ2
  - みりん……小さじ1
- サラダ油……小さじ1
- ミニトマト……60g

Ⓑ小松菜のお浸し
- 小松菜……100g
- a
  - だし……大さじ1⅓
  - しょうゆ……小さじ⅔
  - みりん……小さじ⅓
- 削りガツオ……4g

Ⓒもやしときくらげのみそ汁
- もやし……60g
- きくらげ(乾)……4g
- だし……1½カップ
- みそ(淡色)……大さじ1

Ⓓ胚芽精米ご飯……220g

卵1個のオムレツでも中に具を入れることでボリュームが出ます。食物繊維を多く含み、かつローエネルギーであるきのこをオムレツの具に使いました。そのほか、好みの野菜などを使ってくふうしましょう。

作り方

Aきのこ入りオムレツ

❶牛肉は一口大に切る。しいたけは石づきを除いて薄切りにする。玉ねぎは5㎜幅のくし形に切る。

❷なべにaを入れて煮立て、①をくっつかないようにほぐし入れ、混ぜながら汁けがなくなるまで煮る。

❸フッ素樹脂加工のフライパンにサラダ油の半量を入れて火にかけて熱し、卵1個をときほぐして流し入れる。半熟状になったら②の半量をのせ、半分に折りたたんで皿に盛る。同様にしてもう一つ作る。

❹ミニトマトを添える。

B小松菜のお浸し

❶小松菜はたっぷりの沸騰湯に入れてゆで、冷水にとり、水をかえながら手早くさます。根元をそろえて水けを絞り、3～4㎝長さに切る。

❷ボールにaを合わせて小松菜をほぐしながらあえ、小鉢にこんもりと盛って削りガツオを天盛りにする。

Cもやしときくらげのみそ汁

❶もやしは根をとり除く。

❷きくらげは水でもどして石づきを除き、食べやすい大きさに切る。

❸なべにだしを煮立ててもやしときくらげを入れ、火が通るまで2～3分煮る。みそをとき入れてひと煮したら、すぐ火を消してわんに盛る。

■応用献立例の3パターン■　主食＝胚芽精米ご飯110g・184kcal

	主菜	副菜	汁物	
Ⅰ 419kcal	きのこ入りオムレツ 190kcal	小松菜のお浸し 17kcal	麩と三つ葉の汁物 70 28kcal	
Ⅱ 426kcal	きのこ入りオムレツ 190kcal	ピーマンの焼き浸し 96 22kcal	もやしときくらげのみそ汁 30kcal	
Ⅲ 359kcal	サケのレモンじょうゆ焼き 48 128kcal	小松菜のお浸し 17kcal	もやしときくらげのみそ汁 30kcal	

C
B
D
A

3

ツナと三つ葉の卵とじ献立

434kcal

Ⓐツナと三つ葉の卵とじⒷゆでキャベツのあえ物Ⓒ胚芽精米ご飯Ⓓフルーツ

すべて調理時間のかからない料理なので忙しい朝などにはもってこいの献立です。また時間がかからないということは簡単ということ。料理初心者にはおすすめの朝食です。

■材料（2人分）■

Ⓐツナと三つ葉の卵とじ

ツナ水煮缶詰め…………70g
糸三つ葉…………………40g
a ｛だし……………… 1 1/2カップ
　　塩……………………小さじ1/5
　　しょうゆ…………小さじ1/3
卵……………………………2個

Ⓑゆでキャベツのあえ物

キャベツ…………………160g
とうもろこし（缶詰め）…40g
a ｛マヨネーズ………小さじ2
　　プレーンヨーグルト 1/2カップ
　　塩……………………ミニスプーン1/2
　　こしょう……………少量

Ⓒ胚芽精米ご飯………220g

Ⓓフルーツ

りんご……………………160g

作り方

Aツナと三つ葉の卵とじ

❶三つ葉は3～4㎝長さに切る。
❷卵はときほぐしておく。
❸なべにツナとaを入れて火にかけ、煮立ったら三つ葉を加え、混ぜながら煮る。三つ葉がしんなりとなったらとき卵をまわし入れ、とじる。
❹煮汁ごと器に盛る。

Bゆでキャベツのあえ物

❶キャベツは大きいまま沸騰湯に入れてゆで、ざるにあげてさまし、2㎝角に切る。
❷とうもろこしは汁けをきる。
❸aを混ぜ合わせてキャベツととうもろこしをあえ、器に盛る。

Dフルーツ

りんごはくし形に切って芯をとり除く。

計量カップ・スプーン

1日の食事を1400kcalにととのえるためには、材料表どおりに食材や調味料を用意することが必要です。そのためには、計量カップ・スプーンやはかりが不可欠。ぜひそろえましょう。

計量カップ・スプーンは調味料や油などを計るのに使います。これらは少量の違いでも塩分やエネルギーが変わるのでかならず材料表どおり計りましょう。ミニスプーンは塩1gが計れ、ごく少量を計るのに便利です。小さじ1/5＝ミニスプーン1です。

計量カップ200mℓ
大さじ15mℓ　小さじ5mℓ
ミニスプーン1mℓ
すりきりへら

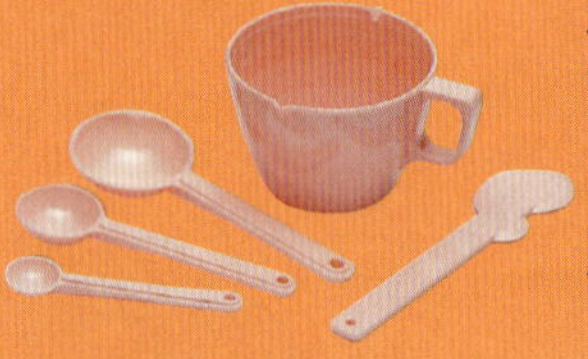

■応用献立例の3パターン■　主食＝胚芽精米ご飯110g・184kcal

	主菜	副菜①	副菜②	くだもの
Ⅰ 436kcal	ツナと三つ葉の卵とじ 112kcal	ゆでキャベツのあえ物 95kcal	なすの土佐煮 82 45kcal	
Ⅱ 432kcal	ツナと三つ葉の卵とじ 112kcal	トマトとささ身の甘酢あえ 110 93kcal		りんご 43kcal
Ⅲ 456kcal	落とし卵の甘辛煮 27 134kcal	ゆでキャベツのあえ物 95kcal		りんご 43kcal

D
C
B
A

4

卵のおろし煮献立

Ⓐ卵のおろし煮Ⓑきゅうりとわかめの酢の物Ⓒ豆腐とさやいんげんのみそ汁Ⓓ胚芽精米ご飯

384 kcal

たっぷりのおろし大根と小松菜が加わって卵1個でも充分満足のいく卵料理です。煮汁にかたくり粉でとろみをつけると、お年寄りにものど越しよく食べられます。

作り方

A卵のおろし煮

❶小松菜は3cm長さのざく切りにする。

❷大根はすりおろしてざるにのせ、自然に汁けをきる。

❸なべにaを入れて煮立て、小松菜を入れる。再び煮立ってしんなりとなったら卵を静かに落とし入れ、ふたをして好みの加減に火が通るまで中火で3～5分煮る。

❹③におろし大根を加えてひと煮し、煮汁ごと器に盛る。

Bきゅうりとわかめの酢の物

❶きゅうりは縦にしま目に皮をむき、小口から薄切りにする。

❷わかめは水につけてもどし、食べやすい大きさに切り、水けを絞る。

❸aを混ぜ合わせてきゅうりとわかめをあえ、小鉢にこんもりと盛る。

C豆腐とさやいんげんのみそ汁

❶豆腐は1cm角に切る。さやいんげんは筋を除いて1cm長さに切る。

❷なべにだしを入れて煮立て、さやいんげんを入れて煮る。やわらかくなったらみそをとき入れ、豆腐を加えて豆腐の中心まで熱くなったら火を消す。

■材料（2人分）■

Ⓐ卵のおろし煮

卵……2個
小松菜……60g
大根……200g
a｛だし……1カップ
　塩……小さじ1/5
　しょうゆ……小さじ1
　みりん……小さじ2

Ⓑきゅうりとわかめの酢の物

きゅうり……80g
わかめ（乾）……4g
a｛酢……大さじ1 1/3
　水……小さじ2
　塩……小さじ1/4
　砂糖……小さじ1

Ⓒ豆腐とさやいんげんのみそ汁

もめん豆腐……100g
さやいんげん……60g
だし……1 1/2カップ
みそ（淡色）……大さじ1

Ⓓ胚芽精米ご飯……220g

はかり

はかりは一目盛りが10g単位のものが使いよく、また、1g単位で計ることができるデジタルスケールであればなお理想的。

デジタルスケール

■応用献立例の3パターン■　主食＝胚芽精米ご飯110g・184kcal

	主菜	副菜	汁物	
Ⅰ 381kcal	卵のおろし煮 117kcal	きゅうりとわかめの酢の物 18kcal	レタスとえのきたけの牛乳入りみそ汁 100 62kcal	
Ⅱ 383kcal	卵のおろし煮 117kcal	かぶのもみづけ 48 17kcal	豆腐とさやいんげんのみそ汁 65kcal	
Ⅲ 403kcal	ささ身のわさび焼き 54 136kcal	きゅうりとわかめの酢の物 18kcal	豆腐とさやいんげんのみそ汁 65kcal	

C
B
D
A

5 ひじき入りオープンオムレツ献立 405kcal

Ⓐひじき入りオープンオムレツⒷピーマンのじゃこ煮Ⓒじゃが芋とわかめのみそ汁Ⓓ胚芽精米ご飯

ひじきと切り干し大根が歯ごたえのよいオムレツです。これらには、カルシウムと鉄分が多く含まれているので積極的にとりたい食品です。ピーマンのじゃこ煮は、ちりめんじゃこの塩けによって加える調味料を加減してください。

作り方

Aひじき入りオープンオムレツ

❶ひじきはざっとごみなどを洗い流してたっぷりの水に浸してもどし、切り干し大根はひたひたの水でもどす。それぞれさっと洗い流し、水けをきる。

❷なべにaと①を入れて中火にかけ、混ぜながら汁けがなくなるまで煮る。

❸卵をときほぐし、②を加えて混ぜる。

❹フッ素樹脂加工のフライパンを火にかけ、熱くなったら③を流し入れ、手早くかき混ぜる。半熟状になったら裏返し、さっと焼く。

❺器に盛り、貝割れ菜を根を切り除いて添える。

Bピーマンのじゃこ煮

❶ピーマンはへたと種を除いて乱切りにする。にんじんは薄い半月切りにする。

❷なべにちりめんじゃことaを入れて火にかけ、①を加えてふたをする。ときどきかき混ぜながら汁けがなくなるまで煮る。

Cじゃが芋とわかめのみそ汁

❶じゃが芋は皮をむき、4～5㎜厚さの食べやすい大きさに切り、水に放す。わかめは水でもどして食べやすい大きさに切り、水けを絞る。

❷なべにだしとじゃが芋を入れて火にかけ、やわらかく煮る。わかめを加え、みそをとき入れてひと煮し、火を消す。

■材料(2人分)■

Ⓐひじき入りオープンオムレツ

- 卵……2個
- ひじき(乾)……4g
- 切り干し大根(乾)……20g
- a
  - だし……½カップ
  - 塩……ミニスプーン⅔
  - しょうゆ……小さじ⅔
  - 砂糖……小さじ⅓
- 貝割れ菜……20g

Ⓑピーマンのじゃこ煮

- ピーマン……120g
- にんじん……30g
- ちりめんじゃこ……20g
- a
  - だし……大さじ2⅔
  - 酒……小さじ1強
  - 塩……ミニスプーン⅔
  - みりん……小さじ⅓

Ⓒじゃが芋とわかめのみそ汁

- じゃが芋……100g
- わかめ(乾)……4g
- だし……1½カップ
- 赤みそ……小さじ2

Ⓓ胚芽精米ご飯……220g

■応用献立例の3パターン■ 主食＝胚芽精米ご飯110g・184kcal

	主菜	副菜①	副菜②・汁物	
Ⅰ 378kcal	ひじき入りオープンオムレツ 117kcal	ピーマンのじゃこ煮 46kcal	きゅうりの夏みかんあえ 42 31kcal	
Ⅱ 395kcal	ひじき入りオープンオムレツ 117kcal	ピーマンとツナのあえ物 98 36kcal	じゃが芋とわかめのみそ汁 58kcal	
Ⅲ 440kcal	鶏肉のマスタードつけ焼き 46 152kcal	ピーマンのじゃこ煮 46kcal	じゃが芋とわかめのみそ汁 58kcal	

C
B
D
A

6
ツナのたたき風献立
333 kcal

Ⓐツナのたたき風Ⓑさやえんどうとサクラエビのみそ汁Ⓒ胚芽精米ご飯Ⓓフルーツ

ツナの缶詰めは、たんぱく質が豊富な素材です。しかし、油漬けの缶詰めはスープ煮あるいは水煮よりエネルギーが約3倍もあります。エネルギーをおさえるには、素材選び。スープ煮か水煮を選びましょう。

作り方

Aツナのたたき風

❶ツナは汁けをきってあらくほぐす。

❷わかめは水につけてもどし、食べやすい大きさに切って水けを絞る。レタスは大きめのざく切りにする。トマトは半月切りにする。

❸aを混ぜ合わせる。

❹器にレタス、わかめ、トマト、ツナの順に盛り合わせ、おろししょうがをあしらい、③をかける。

Bさやえんどうとサクラエビのみそ汁

❶さやえんどうは筋を除き、斜め半分に切る。

❷だしを煮立ててさやえんどうとサクラエビを入れて煮、さやえんどうに火が通ったらみそをとき入れてひと煮し、火を消す。

Dフルーツ

グレープフルーツは横半分に切り、あればミントの葉を飾る。

■材料（2人分）■

Ⓐツナのたたき風

- ツナ水煮缶詰め……140g
- わかめ（乾）……6g
- レタス……100g
- トマト……100g
- a しょうゆ……小さじ1
- a 酢……小さじ2
- a だし……小さじ2
- おろししょうが……4g

Ⓑさやえんどうとサクラエビのみそ汁

- さやえんどう……60g
- サクラエビ（乾）……6g
- だし……1½カップ
- 赤みそ……小さじ2

Ⓒ胚芽精米ご飯……220g

Ⓓフルーツ

- グレープフルーツ……200g
- ミントの葉（あれば）……適量

胚芽精米について――2
［精白米との炊き方の違い］

●胚芽精米は洗わずに炊きます。ぬかやごみが気になるかもしれませんが、胚芽精米は不淘《ふとう》洗米といって、外皮やごみなどの不純物が除かれた状態で清潔に保存管理されているので、洗米する必要はありません。胚芽精米を洗うとビタミン類などの栄養素が流れ出てしまいます。

●洗米しないので、精白米より少し多めの水加減で炊きます。容量（カップで計った場合）だと3～4割増し、重量（グラムで計った場合）では70%増しにします。1カップくらいの少量を炊く場合は、もう1～2割多めの水加減で炊きます。

●精白米に比べて吸水に時間がかかるので、浸水時間は最低1時間以上おきます。

●炊き上がったら充分に蒸らします。

■応用献立例の3パターン■　主食＝胚芽精米ご飯110g・184kcal

	主菜	副菜	汁物	くだもの
I 312kcal	ツナのたたき風 75kcal	かぶのゆかりあえ 59 17kcal	さやえんどうとサクラエビのみそ汁 36kcal	
II 319kcal	ツナのたたき風 75kcal		ほうれん草とにんじんのすまし汁 72 22kcal	グレープフルーツ 38kcal
III 360kcal	ゆで豚とゆで野菜のサラダ風 27 102kcal		さやえんどうとサクラエビのみそ汁 36kcal	グレープフルーツ 38kcal

D
A
B
C

7 ツナと大根のいり煮献立……340kcal

Ⓐツナと大根のいり煮Ⓑほうれん草のごまあえⒸねぎとえのきたけのみそ汁Ⓓ胚芽精米ご飯

■材料（2人分）■

Ⓐツナと大根のいり煮

ツナ水煮缶詰め……140g
大根……300g
a ｛だし……3/4カップ
　 しょうゆ……小さじ1/2
　 みりん……小さじ1/2
あさつき……4g

Ⓑほうれん草のごまあえ

ほうれん草……140g
いり白ごま……大さじ1/2
a ｛だし……小さじ2
　 しょうゆ……小さじ1
　 みりん……小さじ1

Ⓒねぎとえのきたけのみそ汁

ねぎ……60g
えのきたけ……80g
だし……1 1/2カップ
みそ（淡色）……大さじ1

Ⓓ胚芽精米ご飯……220g

野菜は1日に350g以上食べるのが理想です。一般的にローエネルギーで食物繊維やビタミン類、微量栄養素が豊富です。なかなかとりにくい量ですが、この1献立で約300gの野菜が食べられます。

作り方

Aツナと大根のいり煮

❶大根は皮をむいて厚めの短冊切りにする。

❷なべにaとツナを入れて火にかけ、大根も入れる。煮立ってきたら中火にし、混ぜながら汁けがなくなるまで煮る。

❸器に盛り、あさつきの小口切りを散らす。

Bほうれん草のごまあえ

❶ほうれん草はたっぷりの沸騰湯に根元から入れて強火でゆで、冷水にとって水をかえながら手早くさます。根元をそろえて水けを絞り、3～4cm長さに切る。

❷aを合わせてほうれん草とごま（少しとり分けておく）をあえ、小鉢にこんもりと盛る。とり分けておいたごまをふる。

Cねぎとえのきたけのみそ汁

❶ねぎは斜めに切る。えのきたけは石づきを切り除き、ほぐす。

❷だしを煮立てて①を入れ、煮る。しんなりとなったらみそをとき入れ、ひと煮して火を消す。

胚芽精米について——3

［胚芽精米とは］

胚芽精米は、玄米を特別な搗精機を用いて、栄養成分を豊富に含む胚芽部分を充分に残したまま外皮（ぬか層）を除いたものです。胚芽の保有率が80％以上であり、胚芽の重さが100g中2g以上あるように搗精された米のことです。

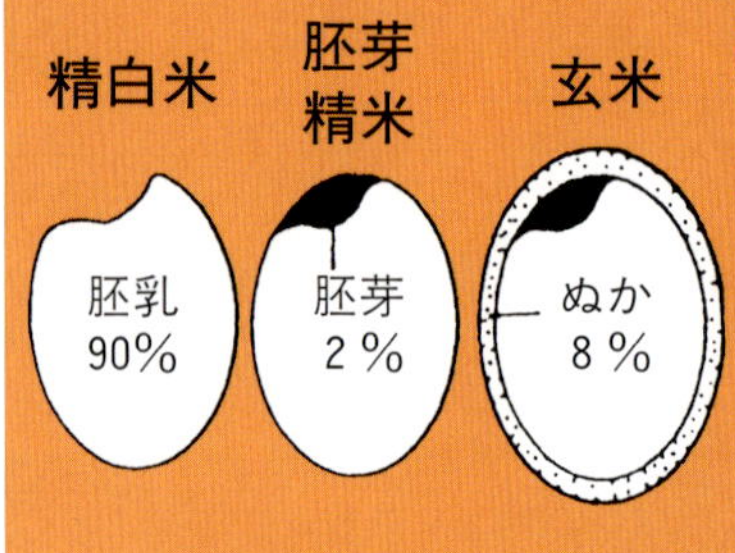

■応用献立例の3パターン■ 主食＝胚芽精米ご飯110g・184kcal

	主菜	副菜①	汁物	
Ⅰ 326kcal	ツナと大根のいり煮 85kcal	ほうれん草のごまあえ 32kcal	もやしとあさつきのすまし汁 103 25kcal	
Ⅱ 330kcal	ツナと大根のいり煮 85kcal	いんげんのおかかあえ 46 22kcal	ねぎとえのきたけのみそ汁 39kcal	
Ⅲ 361kcal	イカの照り煮 50 106kcal	ほうれん草のごまあえ 32kcal	ねぎとえのきたけのみそ汁 39kcal	

C
B
D
A

8

凍り豆腐と青梗菜の煮物献立……354kcal

Ⓐ凍り豆腐と青梗菜の煮物Ⓑにんじんと貝割れ菜のチーズあえⒸキャベツのもみづけⒹ胚芽精米ご飯

最近市販されている凍り豆腐は短時間でもどるので、忙しい朝食にも使うことができます。また鉄分を多く含むので貧血ぎみの人には特におすすめです。

作り方

A凍り豆腐と青梗菜の煮物

❶凍り豆腐はたっぷりのぬるま湯に沈めて充分にもどす。水の中で押し洗いをし、水けを絞り、2cm角に切る。

❷青梗菜は1枚ずつにはがし、長いものは長さを半分に切る。

❸なべにaを入れて煮立て、凍り豆腐を入れ、中火で4～5分煮て味を含ませる。青梗菜を加え、混ぜながら火を通す。

❹煮汁ごと器に盛る。

Bにんじんと貝割れ菜のチーズあえ

❶にんじんは短冊切りにしてゆで、ざるにあげて湯をきり、さます。貝割れ菜は根元を切り除く。チーズは細切りにする。

❷aを合わせて①をあえ、器に盛る。

Cキャベツのもみづけ

❶キャベツは一口大のざく切りにし、塩をふり混ぜる。しばらくおいて塩がなじんだら手でもんでしんなりさせ、水けを絞る。

❷青じそは1cm角に切って①に加え混ぜ、器に盛る。

■材料（2人分）■

Ⓐ凍り豆腐と青梗菜の煮物

凍り豆腐…………2枚（28g）
青梗菜……………………200g
a { だし……………………1½カップ
　 しょうゆ…………小さじ2
　 みりん………………小さじ½
　 塩……………………小さじ⅕ }

Ⓑにんじんと貝割れ菜のチーズあえ

にんじん……………………100g
貝割れ菜……………………40g
プロセスチーズ…………20g
a { だし…………大さじ1⅓
　 酢……………………小さじ2
　 塩……………………ミニスプーン⅓ }

Ⓒキャベツのもみづけ

{ キャベツ………………160g
　塩……………………小さじ⅕ }
青じそ……………6枚（6g）

Ⓓ胚芽精米ご飯…………220g

胚芽精米について――4
［胚芽精米は栄養素の宝庫］

胚芽精米の特徴は、ビタミンB類やビタミンEを豊富に含む胚芽があることです。米粒に対する胚芽の割合は2％程度と少量ですが、そこには栄養素が凝縮されて含まれており、ビタミンB_1においては米全体に含まれる量の24％が存在します。

ビタミンB_1は精白米に比べ2.5倍、ビタミンB_2は約1.7倍、老化防止のビタミンとして知られるビタミンEにおいても5倍含んでいます。脂質も1.5倍含んでおり、これにはリノール酸という不飽和脂肪酸が多量に含まれています。リノール酸はコレステロールを下げて動脈硬化を予防するといわれています。

■応用献立例の3パターン■　主食＝胚芽精米ご飯110g・184kcal

	主菜	副菜①	副菜②	
Ⅰ 389kcal	凍り豆腐と青梗菜の煮物 93kcal	にんじんと貝割れ菜のチーズあえ 58kcal	かぼちゃの煮物 52 54kcal	
Ⅱ 366kcal	凍り豆腐と青梗菜の煮物 93kcal	じゃが芋とにんじんとハムの酢の物 82 70kcal	キャベツのもみづけ 19kcal	
Ⅲ 364kcal	豚肉とセロリのさっと煮 40 103kcal	にんじんと貝割れ菜のチーズあえ 58kcal	キャベツのもみづけ 19kcal	

C
B
A
D

ひとなべで作る主菜＋副菜の１皿

朝食はしっかりと用意したいけれども忙しい。そんなときはなべ１つ、あるいはフライパンやオーブントースターだけで主菜も副菜も作れる料理があれば大助かり。

タラと野菜のホイル蒸し　123kcal

魚と野菜と調味料をアルミ箔にいっしょに包み、あとは焼くだけ。

●材料(2人分)

生タラ……………200g
キャベツ…………100g
にんじん…………40g
ねぎ………………40g
しょうが…………10g
赤みそ……………小さじ2
酒…………………小さじ2
レモン……………10g

●作り方

❶タラは皮を除いて一口大のそぎ切りにする。

❷キャベツは一口大のざく切りにする。にんじんとしょうがはせん切りにする。ねぎは斜めに薄く切る。

❸みそと酒を混ぜておく。

❹30㎝角くらいのアルミ箔を2枚広げ、キャベツを等分に敷いてタラをのせ、にんじん、ねぎ、しょうがを重ねる。上から③のみそと酒を混ぜ合わせてかけ、空気が入らないようにぴったり包む。

❺オーブントースターで10分ほど焼いてタラに火を通し、皿に盛ってレモンのくし形切りを添える。

ゆで豚とゆで野菜のサラダ風

102kcal

野菜をゆでた湯で豚肉をしゃぶしゃぶします。

●材料(2人分)

豚もも肉（脂身なし、しゃぶしゃぶ用）……100g
かぶ……100g
ブロッコリー……60g
a しょうゆ……小さじ2
　酢……大さじ1⅓
　だし……大さじ1⅓

●作り方

❶かぶは茎を1～2cm残して葉を切り落とし、縦に8つ割りにする。ブロッコリーは小房に分ける。
❷湯を沸騰させ、かぶとブロッコリーを入れてゆで、火が通ったらとり出して湯をきる。あとの湯に豚肉を入れ、菜箸でほぐしてさっとゆで、火が通ったら湯をきる。
❸aを混ぜ合わせる。
❹ゆでた肉と野菜を盛り合わせ、③をかける。

落とし卵の甘辛煮ときのこといんげんのさっと煮

134kcal

野菜を煮た煮汁の中に卵を落とし入れて煮ます。

●材料(2人分)

卵……2個
本しめじ……80g
えのきたけ……100g
さやいんげん……60g
a だし……¾カップ
　しょうゆ……大さじ1
　みりん……大さじ1

●作り方

❶しめじは石づきを除いてざっとほぐす。えのきたけも根元を切り落とし、ほぐす。さやいんげんは4～5cm長さに切る。
❷なべにaを入れて煮立て、いんげんを入れてふたをし、中火で5～6分煮る。いんげんがしんなりとなったらしめじとえのきたけを加えてさっと煮、火が通ったらとり出す。
❸残りの煮汁をしっかりと煮立て、卵を静かに落とし入れ、ふたをして中火で3～4分煮て好みの加減に火を通す。
❹卵と野菜を盛り合わせる。

ホタテ貝柱のおろし煮と煮野菜のおかかあえ

114kcal

ホタテ貝柱は身がかたくならないようにさっと煮ます。

●材料(2人分)

ホタテ貝柱(生)……150g
大根……100g
キャベツ……100g
貝割れ菜……30g
削りガツオ……4g
a だし……1カップ
a しょうゆ……小さじ1
a みりん……小さじ2/3

●作り方

❶大根はすりおろしてざるにのせ、自然に汁けをきる。
❷キャベツは一口大のざく切りにする。貝割れ菜は根元を切り除く。
❸なべにaを入れて煮立て、キャベツと貝割れ菜を入れて混ぜながら煮る。しんなりとなったらとり出して汁けをきり、削りガツオであえる。
❹残りの煮汁を煮立て、貝柱を入れてさっと煮、火が通ったらおろし大根を加えてひと煮する。
❺③、④を盛り合わせる。

サケの網焼きとアスパラときのこのあえ物

87kcal

魚より野菜などのほうが早く焼けるので時間差をつけて焼きます。

●材料(2人分)

生ザケ……100g
しょうが汁……小さじ2
酒……小さじ2
グリーンアスパラガス4本(60g)
生しいたけ……4枚(40g)
a しょうゆ……小さじ1
a だし……小さじ2

●作り方

❶サケは皮を除いて食べやすい大きさのそぎ切りにし、しょうが汁と酒をからめる。
❷アスパラガスは根元のかたい部分を除き、しいたけは軸を除く。
❸焼き網を火にかけて熱し、サケ、アスパラガス、しいたけをのせて両面を焼き、火を通す。
❹アスパラガスは食べやすい長さに切り、しいたけといっしょにaであえる。
❺サケと④の野菜を盛り合わせる。

カジキのなべ照り焼きともやしとにらのいため物

138 kcal

油なしで作るのでフッ素樹脂加工のフライパンを使ってください。

●材料(2人分)

カジキ……160g

a
- 酒……小さじ1強
- しょうゆ……大さじ½
- みりん……大さじ½

粉ざんしょう……少量

もやし……200g

にら……80g

こしょう……少量

●作り方

❶カジキは食べやすい大きさに切る。

❷もやしは根を除き、にらは3cm長さに切る。

❸フッ素樹脂加工のフライパンを火にかけて熱し、もやしとにらを入れていため、こしょうで調味して皿に盛る。

❹③のフライパンにカジキを入れて両面をこんがりと焼きつけ、八分どおり火が通ったらaを加えて魚にからめ、汁ごと③の皿に盛る。

9 サケ缶とセロリの具だくさん汁献立……355kcal

Ⓐサケ缶とセロリの具だくさん汁Ⓑ青梗菜とサクラエビのあえ物Ⓒさつま芋のレモン煮Ⓓ胚芽精米ご飯

■材料（2人分）■

Ⓐサケ缶とセロリの具だくさん汁
サケ水煮缶詰め…………100g
セロリ…………………………80g
セロリの葉…………………少量
にんじん………………………40g
なめこ ………………………100g
だし……………………… 1 1/2カップ
しょうゆ………………小さじ2/3
塩 ………………………………ミニスプーン1/3
こしょう……………………少量

Ⓑ青梗菜とサクラエビのあえ物
青梗菜 ………………………200g
サクラエビ（乾）…………10g
a｛しょうゆ …………小さじ1
　だし ……………………小さじ2
　ごま油 …………………小さじ1/2

Ⓒさつま芋のレモン煮
さつま芋 ……………………100g
レモンの輪切り…………2枚
a｛レモン汁 ……………小さじ1
　水 ………………………1/2カップ

Ⓓ胚芽精米ご飯…………220g

汁物は具だくさんにすれば、汁の量が少なくてすむので塩分のとりすぎを防ぎます。また、寒い冬の朝には温かい汁物を食べれば体がほかほかと温まって元気よく通勤、通学できます。

作り方

Aサケ缶とセロリの具だくさん汁

❶サケは汁けをきっておく。

❷セロリは筋を除いて1cm角に切る。にんじんは4～5mm厚さのいちょう切りにする。なめこはさっと水洗いしてざるにあげ、水けをきる。

❸なべにだしを入れて煮立て、にんじんを入れて煮る。やわらかくなったらセロリ、セロリの葉、なめこ、サケを加えてひと煮し、しょうゆ、塩、こしょうで調味する。

B青梗菜とサクラエビのあえ物

❶青梗菜は1枚ずつにはがし、沸騰湯に入れてゆで、3～4cm長さに切る。

❷aを混ぜ合わせて青梗菜とサクラエビをあえ、小鉢にこんもりと盛る。

Cさつま芋のレモン煮

❶さつま芋は皮つきのまま5mm厚さの半月切りにし、水にさらして水けをきる。レモンの輪切りはいちょう切りにする。

❷なべに①とaを入れて火にかけ、ふたをしてやわらかくなるまで煮る。

冬の寒い時季の朝食には、温かい料理で体の中からぽかぽか

寒い朝は、なかなか活動のエンジンがかからないものです。体の動きが鈍く、気分も暗くなりがち……。寒さを吹き飛ばして活発に活動するには、朝食に温かい料理や汁物を1品おなかに入れることが最良の策です。

■応用献立例の3パターン■　主食＝胚芽精米ご飯110g・184kcal

	主菜	副菜①	副菜②	
Ⅰ 298kcal	サケ缶とセロリの具だくさん汁 63kcal	青梗菜とサクラエビのあえ物 36kcal	もやしとのりのいり煮 110 15kcal	
Ⅱ 354kcal	サケ缶とセロリの具だくさん汁 63kcal	ほうれん草としめじのゆず香あえ 106 35kcal	さつま芋のレモン煮 72kcal	
Ⅲ 415kcal	タラと野菜のホイル蒸し 26 123kcal	青梗菜とサクラエビのあえ物 36kcal	さつま芋のレモン煮 72kcal	

B
C
D
A

10 豆腐とキャベツのいため物献立……426kcal

Ⓐ豆腐とキャベツのいため物Ⓑにらのからしじょうゆかけⓒひじきと小魚の煮物Ⓓ胚芽精米ご飯

忙しく料理時間のあまりない朝食作りの強い味方はいため物です。２人分同時に作ることができるし、野菜のかさが減るのでたっぷりと食べることができます。

作り方

A豆腐とキャベツのいため物

❶豆腐は大きくくずしてざるにのせ、20分ほどおいて水きりをする。

❷キャベツは一口大のざく切りにし、にんじんはせん切りにする。ねぎは縦４つ割りにし、小口から５㎜幅に切る。

❸フッ素樹脂加工のフライパンにサラダ油を熱し、キャベツとにんじんをいためる。油が全体になじんだら豆腐を加え、焼きつけるようにいためる。ねぎを加えて塩としょうゆで調味し、削りガツオ（少しとり分けておく）を加え混ぜる。

❹皿に盛り、とり分けておいた削りガツオを散らす。

Bにらのからしじょうゆかけ

❶にらは沸騰湯に入れてゆで、水にとって水をかえながら手早くさます。根元をそろえて水けを絞り、３〜４㎝長さに切る。

❷ボールにaを入れて混ぜ合わせて練りがらしの半量を加えてときのばす。

❸小鉢ににらを盛って②をかけ、残りの練りがらしをのせる。

Cひじきと小魚の煮物

❶ひじきはたっぷりの水につけてもどし、さっと水洗いしてざるにあげて水けをきる。糸こんにゃくはざく切りにして下ゆでする。

❷なべにaを入れて煮立て、①とコウナゴを入れ、ときどき混ぜながら汁けがなくなるまで中火で煮る。

■材料（2人分）■

Ⓐ豆腐とキャベツのいため物

絹ごし豆腐……1丁（300g）
キャベツ……200g
にんじん……40g
ねぎ……40g
サラダ油……小さじ2
塩……小さじ⅖
しょうゆ……小さじ1⅓
削りガツオ……4g

Ⓑにらのからしじょうゆかけ

にら……100g
a { だし……小さじ2
しょうゆ……小さじ1
みりん……小さじ1 }
練りがらし……小さじ½

Ⓒひじきと小魚の煮物

ひじき（乾）……10g
糸こんにゃく……100g
コウナゴ（イカナゴ）……40g
a { だし……½カップ
しょうゆ……小さじ⅔
みりん……小さじ1
酒……小さじ2 }

Ⓓ胚芽精米ご飯……220g

■応用献立例の3パターン■　主食＝胚芽精米ご飯110g・184kcal

	主菜	副菜①	副菜②	
Ⅰ 441kcal	豆腐とキャベツのいため物 167kcal	にらのからしじょうゆかけ 25kcal	玉ねぎのそぼろ煮 48 65kcal	
Ⅱ 426kcal	豆腐とキャベツのいため物 167kcal	えのきたけとじゃこの酢の物 90 25kcal	ひじきと小魚の煮物 50kcal	
Ⅲ 344kcal	ツナと大根のいり煮 22 85kcal	にらのからしじょうゆかけ 25kcal	ひじきと小魚の煮物 50kcal	

C
D
B
A

11

麩と卵のいため煮献立

Ⓐ麩と卵のいため煮Ⓑ春菊と納豆のあえ物Ⓒのりとねぎのすまし汁Ⓓ胚芽精米ご飯

427kcal

春菊、小松菜、ほうれん草などの青菜は食物繊維やビタミン類、鉄分が豊富です。1日の献立に1品はとり入れたい素材です。朝食にはいつもの納豆に青菜を刻んで加えてみてはいかがでしょう。50gは食べられます。

作り方

A麩と卵のいため煮

❶車麩は水につけてもどし、水けを絞って食べやすい大きさにちぎる。

❷玉ねぎは5mm幅のくし形に切り、にんじんは玉ねぎと同じくらいの大きさの薄切りにする。しめじは石づきを除いて手でほぐす。

❸フッ素樹脂加工のフライパンにサラダ油を熱し、②を軽くいためる。aと麩を加えて混ぜながら煮、野菜に火が通ったら卵をときほぐして流し入れて混ぜ、卵に火が通ったら火を消す。

B春菊と納豆のあえ物

❶春菊は沸騰湯に入れてさっとゆで、冷水にとって水をかえながら手早くさます。水けを絞り、2cm長さに切る。

❷納豆にaを加えて混ぜる。

❸春菊を②であえて小鉢に小高く盛る。

Cのりとねぎのすまし汁

❶焼きのりは小さくちぎり、ねぎは小口切りにする。

❷なべにaを入れて煮立て、①を加えてひと煮し、火を消す。

麩は小麦のたんぱく質が原料

車麩は、小麦から分離したたんぱく質＝グルテンに強力小麦粉と膨張剤を加えて練った生地をじか火で焼いたものです。庄内麩、板麩などは同類。生麩はグルテンにもち米粉を加えて練り、蒸し上げたものです。

■材料(2人分)■

Ⓐ麩と卵のいため煮

- 車麩……20g
- 卵……2個
- 玉ねぎ……160g
- にんじん……60g
- 本しめじ……80g
- a
  - だし……½カップ
  - しょうゆ……小さじ1
  - 塩……小さじ⅕
- サラダ油……小さじ½

Ⓑ春菊と納豆のあえ物

- 春菊……100g
- 納豆……30g
- a
  - しょうゆ……小さじ1
  - みりん……小さじ⅔

Ⓒのりとねぎのすまし汁

- 焼きのり……1枚(3g)
- ねぎ……60g
- a
  - だし……1½カップ
  - しょうが汁……小さじ½
  - 塩……小さじ⅖
  - しょうゆ……小さじ⅕

Ⓓ胚芽精米ご飯……220g

■応用献立例の3パターン■　主食＝胚芽精米ご飯110g・184kcal

	主菜	副菜①	副菜②・汁物	
I 426kcal	麩と卵のいため煮 179kcal	春菊と納豆のあえ物 48kcal	白菜もみづけレモン風味 66 15kcal	
II 407kcal	麩と卵のいため煮 179kcal	にらとこんにゃくのあえ物 114 28kcal	のりとねぎのすまし汁 16kcal	
III 335kcal	サケの網焼き 28 87kcal	春菊と納豆のあえ物 48kcal	のりとねぎのすまし汁 16kcal	

D
C
B
A

12 タラと野菜の煮物献立 ……363 kcal

Ⓐタラと野菜の煮物Ⓑもやしの梅肉あえⒸ胚芽精米ご飯Ⓓフルーツ

タラは魚の中でも高たんぱく・低エネルギーです。焼き魚にもよいですが、たっぷりの野菜とともに煮ると主菜と副菜を兼ねた1品になります。また、野菜に魚の味がしみ込んでおいしく仕上がります。

■材料（2人分）■

Ⓐタラと野菜の煮物

生タラ……200g
にんじん……100g
ブロッコリー……40g
a { だし……1 1/2カップ
塩……小さじ1/5
酒……小さじ2
しょうゆ……小さじ2
しょうが（せん切り）4g }

Ⓑもやしの梅肉あえ

もやし……200g
a { 酢……小さじ2
塩……ミニスプーン1/3 }
{ 梅肉……小さじ2
しょうゆ……小さじ1
みりん……小さじ2/3 }

Ⓒ胚芽精米ご飯……220g

Ⓓフルーツ

オレンジ……200g

作り方

Aタラと野菜の煮物

❶タラは食べやすい大きさのそぎ切りにする。

❷にんじんは4㎝長さの棒状に切り、ブロッコリーは小房に分ける。ともにかためにゆでる。

❸なべにaを入れて煮立て、タラとにんじんを入れて煮る。火が通ったらブロッコリーを加えてひと煮し、火を消す。

❹煮汁ごと器に盛る。

Bもやしの梅肉あえ

❶もやしは根を除き、沸騰湯に入れてさっとゆで、ざるにあげて湯をきり、aをからめて下味をつける。

❷梅肉は包丁でたたき、しょうゆとみりんを混ぜる。

❸①のもやしを②であえ、器に盛る。

Dフルーツ

オレンジは皮をむいて食べやすい大きさに切る。

胚芽精米について――5
［ビタミンB1が不足すると……］

ビタミンB1不足になると脚気や手足のマヒ、むくみ、疲れやすい、食欲不振といった症状を示します。エネルギー制限をしている人は、うまく栄養バランスをとっていないとビタミンB1不足になりがちです。

また精白米やインスタントラーメン、加糖飲料、菓子類など、糖質に偏った食生活をしている人やお酒を多飲する人、食生活が乱れている人、ストレスの多い人、運動をよくする人もビタミンB1不足になりやすいので、精白米より胚芽精米を主食にすることをおすすめします。

■応用献立例の3パターン■ 主食＝胚芽精米ご飯110g・184kcal

	主菜	副菜①	副菜②	くだもの
Ⅰ 396kcal	タラと野菜の煮物 115kcal	もやしの梅肉あえ 25kcal	さつま芋のレモン煮 30 72kcal	
Ⅱ 402kcal	タラと野菜の煮物 115kcal	キャベツとちくわの酢の物 108 64kcal		オレンジ 39kcal
Ⅲ 362kcal	ホタテ貝柱のおろし煮 28 114kcal	もやしの梅肉あえ 25kcal		オレンジ 39kcal

D
B
C
A

13 サケのレモン蒸し献立……416kcal

Ⓐサケのレモン蒸しⒷじゃが芋とわかめの煮物Ⓒほうれん草のかきたま汁Ⓓ胚芽精米ご飯

レモンの酸味が食欲を湧かし、眠けを覚ましてくれるさわやかな蒸し物です。芋類は1日に100gは食べたい食品です。腹もちがよいので朝食に芋料理はぴったりです。

■材料(2人分)■

Ⓐサケのレモン蒸し

- 生ザケ……140g
- 白菜……200g
- レモン……1/4個
- 酒……大さじ1 1/3
- 塩……ミニスプーン1/2

Ⓑじゃが芋とわかめの煮物

- じゃが芋……140g
- わかめ(乾)……6g
- a だし……1カップ
- a しょうゆ……小さじ2/3
- a みりん……小さじ2/3

Ⓒほうれん草のかきたま汁

- ほうれん草……60g
- 卵……小1個(40g)
- だし……1 1/2カップ
- 塩……小さじ2/5
- しょうゆ……小さじ1/5

Ⓓ胚芽精米ご飯……220g

作り方

Aサケのレモン蒸し

❶サケは皮を除いて食べやすい大きさのそぎ切りにする。

❷白菜は葉と軸に切り分け、葉はざく切りにし、軸は一口大のそぎ切りにする。レモンは薄い半月切りにする。

❸なべに白菜を敷いてサケを並べ、酒と塩をふってレモンをのせる。ふたをして火にかけ、サケと白菜に火が通るまで蒸し煮にする。

Bじゃが芋とわかめの煮物

❶じゃが芋は一口大に切り、水にさらして水けをきる。

❷わかめは水でもどして食べやすい大きさに切り、水けを絞る。

❸なべにaとじゃが芋を入れて火にかけ、やわらかく煮る。わかめを加えてひと煮し、火を消す。

Cほうれん草のかきたま汁

❶ほうれん草はたっぷりの沸騰湯に入れてかためにゆで、水にとって水をかえながら手早くさます。水けを絞って1〜2cm長さに切る。

❷だしを煮立てて塩としょうゆで調味し、ほうれん草を入れる。再び煮立ったらときほぐした卵を細く流し入れ、卵がふわっと浮き上がってきたら火を消す。

朝食に芋を組み入れましょう

芋類はでんぷんが主成分であり食物繊維が豊富です。特にじゃが芋にはビタミンB_1・Cが多く含まれ、このビタミンCは加熱しても損失しにくいのです。

芋類は1日に100gとることが理想です。そこで朝食に組み入れてはいかがでしょう。朝食で食べられなかった場合に、昼食か夕食にとるようにすれば目標は達成しやすいでしょう。また、芋類は腹もちがよいので昼食まで空腹感なく過ごせて、昼食に脂っこく高エネルギーの料理を食べたい欲望がおさえられます。

■応用献立例の3パターン■ 主食＝胚芽精米ご飯110g・184kcal

	主菜	副菜①	副菜②・汁物	
Ⅰ 400kcal	サケのレモン蒸し 124kcal	じゃが芋とわかめの煮物 67kcal	三つ葉とかまぼこのあえ物 104 25kcal	
Ⅱ 382kcal	サケのレモン蒸し 124kcal	なすとさやいんげんの煮物 70 33kcal	ほうれん草のかきたま汁 41kcal	
Ⅲ 430kcal	カジキのなべ照り焼き 29 138kcal	じゃが芋とわかめの煮物 67kcal	ほうれん草のかきたま汁 41kcal	

C
B
D
A

14 豚肉とセロリのさっと煮献立 ……343kcal

Ⓐ豚肉とセロリのさっと煮Ⓑ大根のもみづけ ゆかり風味Ⓒ焼きしいたけと焼きアスパラのみそ汁Ⓓ胚芽精米ご飯

汁物は汁を飲むのではなく、野菜を食べる料理と考えましょう。1人50～100ｇは食べられます。焼き野菜のみそ汁は焼き魚の献立のときなら魚といっしょに焼けば手間がかからずに作れます。

作り方

A豚肉とセロリのさっと煮

❶豚肉は食べやすい大きさに切る。

❷セロリは筋を除いて斜めに薄く切る。

❸なべにaを入れて火にかけ、セロリを入れる。煮立ったら肉を加えて手早くほぐし混ぜ、肉に火が通ったら火を消す。

❹煮汁ごとに器を盛る。

B大根のもみづけ ゆかり風味

大根は1㎝角、3㎝長さに切り、ゆかりをまぶす。少しおいてから手で軽くもみ混ぜ、なじませる。

C焼きしいたけと焼きアスパラのみそ汁

❶しいたけは石づきを除き、アスパラは根元のかたい部分を切って除く。

❷焼き網を熱して①をこんがりと焼き、しいたけは半分ずつのそぎ切りにし、アスパラは3～4㎝長さに切る。

❸なべにだしを入れて煮立て、焼いたしいたけとアスパラを入れ、みそをとき入れてひと煮し、火を消す。

■材料（2人分）■

Ⓐ豚肉とセロリのさっと煮

豚もも薄切り肉（脂身なし）……100ｇ

セロリ……160ｇ

a だし……1カップ

a 酒……大さじ1 1/3

a しょうゆ……小さじ1

a みりん……小さじ2/3

Ⓑ大根のもみづけ ゆかり風味

大根……200ｇ

ゆかり……4ｇ

Ⓒ焼きしいたけと焼きアスパラのみそ汁

生しいたけ……4枚（40ｇ）

グリーンアスパラガス…60ｇ

だし……1 1/2カップ

赤みそ……大さじ1 1/3

Ⓓ胚芽精米ご飯……220ｇ

豊臣秀吉が朝鮮半島から持ち込んだ野菜――セロリ

セリ科の1～2年草。原産地は南ヨーロッパ。薬用植物としての歴史は古く、古代ローマ・ギリシャ時代には、整腸作用や強精作用があることが知られていました。

日本には、1592年の豊臣秀吉の朝鮮出兵のときに朝鮮半島より伝わりました。それが明治以後まで岡山城内に自生していたといいます。

野菜として栽培され始めたのは1866年から。当時は特有の香りのためにあまり好まれませんでしたが、戦後の食生活の変化に伴って消費が増えました。

■応用献立例の3パターン■ 主食＝胚芽精米ご飯110ｇ・184kcal

	主菜	副菜①	副菜②・汁物	
Ⅰ 367kcal	豚肉とセロリのさっと煮 103kcal	大根のもみづけ ゆかり風味 18kcal	じゃが芋とひじきのカレー煮 50 62kcal	
Ⅱ 351kcal	豚肉とセロリのさっと煮 103kcal	きゅうりとホタテ貝柱のあえ物 86 26kcal	焼きしいたけと焼きアスパラのみそ汁 38kcal	
Ⅲ 388kcal	豚肉とこんにゃくの辛味いため 52 148kcal	大根のもみづけ ゆかり風味 18kcal	焼きしいたけと焼きアスパラのみそ汁 38kcal	

D
C
B
A

15 和風チャウダー献立 …… 469kcal

Ⓐ和風チャウダーⒷきゅうりの夏みかんあえⒸ切り干し大根のピリ辛煮Ⓓ胚芽精米ご飯

主菜のエネルギーが高いときは、副菜には低エネルギーの料理を組み合わせて、1献立のエネルギーのバランスをとりましょう。

作り方

A和風チャウダー

❶ささ身は筋を除いて2cm角に切る。じゃが芋とにんじんは皮をむいて1cm角に切り、かためにゆでる。玉ねぎも1cm角に切る。しめじは石づきを除き、手でほぐす。

❷わけぎは1.5cm長さに切る。

❸なべにだしを煮立て、①を入れてふたをし、5～6分煮る。野菜がやわらかくなったらわけぎと牛乳を加え、みそをとき入れ、こしょうをふってひと煮し、火を消す。

Bきゅうりの夏みかんあえ

❶きゅうりは3～4mm厚さの小口切りにする。夏みかんは薄皮を除いて身をほぐす。

❷aを混ぜ合わせてきゅうりと夏みかん(少しとり分けておく)をあえて器に盛り、とり分けておいた夏みかんをのせる。

C切り干し大根のピリ辛煮

❶切り干し大根はひたひたの水につけてもどし、さっと洗って水けを絞る。

❷なべにaと切り干し大根を入れて火にかけ、ときどき混ぜながら汁けがなくなるまで煮る。

❸器に盛って青のりをふる。

カルシウムの1日の栄養所要量は600mgです

牛乳は100g中110mg、切り干し大根は100g中540mgのカルシウムを含んでいます。特に牛乳のカルシウムは体内で吸収されやすいので、効率よくカルシウムをとるのに牛乳は最適です。

■材料(2人分)■

Ⓐ和風チャウダー

鶏ささ身……160g
じゃが芋……60g
にんじん……60g
玉ねぎ……100g
本しめじ……80g
わけぎ……40g
だし……1 1/4カップ
牛乳……1/2カップ
赤みそ……大さじ1
こしょう……少量

Ⓑきゅうりの夏みかんあえ

きゅうり……100g
夏みかん……100g
a｛塩……小さじ1/5
　 酢……大さじ1 1/3
　 砂糖……小さじ1/5｝

Ⓒ切り干し大根のピリ辛煮

切り干し大根(乾)……30g
a｛だし……2/5カップ
　 塩……小さじ1/5
　 しょうゆ……小さじ2/3
　 砂糖……小さじ2/3
　 七味とうがらし……少量｝
青のり……少量

Ⓓ胚芽精米ご飯……220g

■応用献立例の3パターン■ 主食＝胚芽精米ご飯110g・184kcal

	主菜	副菜①	副菜②	
Ⅰ 464kcal	和風チャウダー 206kcal	きゅうりの夏みかんあえ 31kcal	セロリとじゃこのつくだ煮風 46 43kcal	
Ⅱ 456kcal	和風チャウダー 206kcal	小松菜とえのきたけのあえ物 52 18kcal	切り干し大根のピリ辛煮 48kcal	
Ⅲ 375kcal	ツナと三つ葉の卵とじ 14 112kcal	きゅうりの夏みかんあえ 31kcal	切り干し大根のピリ辛煮 48kcal	

C
B
D
A

1 牛肉のしぐれ煮弁当 …………501kcal

Ⓐ牛肉のしぐれ煮Ⓑゆで卵のサラダⒸ大根のごまあえⒹ胚芽精米ご飯

牛肉のしぐれ煮は、煮汁を完全に材料にからめて煮つめると、煮汁が垂れだすことはありません。ゆで卵はいたみやすいので完全にさましたものを使います。前日に作っておけば手間も省けてよいでしょう。

作り方

A牛肉のしぐれ煮

❶牛肉は一口大に切る。小松菜は3cm長さに切り、しょうがはみじん切りにする。

❷なべにaを入れて煮立て、牛肉を入れ、箸でほぐしながら強火で煮る。色が変わったらしょうがを加えて煮、汁けがほとんどなくなったら小松菜を加え、混ぜながら小松菜に火が通るまで煮る。

Bゆで卵のサラダ

❶ゆで卵は殻をむき、フォークでざっとつぶす。

❷きゅうりは薄い小口切りにし、とうもろこしは汁けをきる。

❸aを混ぜ合わせてゆで卵をあえ、きゅうりととうもろこしを加えて混ぜる。

❹ミニトマトと詰め合わせる。

C大根のごまあえ

❶大根は皮をむき、2～3cm長さの細切りにし、塩をふり混ぜて少しおく。

❷しんなりとなったら手で軽くもみ、汁けを絞ってaであえる。

■材料（1人分）■

Ⓐ牛肉のしぐれ煮

牛もも薄切り肉（脂身なし）……70g
小松菜……20g
しょうが……2g
a 酒……小さじ1
　だし……大さじ2
　しょうゆ……小さじ1
　みりん……小さじ1

Ⓑゆで卵のサラダ

ゆで卵……1個
きゅうり……20g
とうもろこし（缶詰め）…20g
a マヨネーズ……小さじ1
　塩……ミニスプーン1/2
　酢……小さじ1
　こしょう……少量
ミニトマト……20g

Ⓒ大根のごまあえ

大根……80g・塩……ミニスプーン1弱
a いり黒ごま……小さじ1
　砂糖……小さじ1/3

Ⓓ胚芽精米ご飯……110g

しぐれ煮の語源は

本来はハマグリのむき身にしょうがを加えてつくだ煮にしたもの。三重県桑名・四日市地方の名物「時雨蛤」が有名になって世に知られました。現在はハマグリだけに限らず、しょうがを入れてつくだ煮にしたものも指します。

しぐれ（時雨）は、「過ぐる」からきた語で、晩秋から初冬にかけて降ったりやんだりする雨をいいます。煮しめられた食材は簡単に飲み込めずにかみしめます。そのうちに口の中で味が変化し、その過程を楽しむことができたことからこの名称がついたとされています。

■応用献立例の3パターン■　主食＝胚芽精米ご飯110g・184kcal

	主菜	副菜①	副菜②	
Ⅰ 518kcal	牛肉のしぐれ煮 155kcal	ゆで卵のサラダ 132kcal	きゅうりとコーンのからしあえ 74 47kcal	
Ⅱ 464kcal	牛肉のしぐれ煮 155kcal	ゆでキャベツのあえ物 14 95kcal	大根のごまあえ 30kcal	
Ⅲ 443kcal	ささ身のねぎみそはさみ焼き 108 97kcal	ゆで卵のサラダ 132kcal	大根のごまあえ 30kcal	

D
C
A
B

2 鶏肉のマスタードつけ焼き弁当……401kcal

Ⓐ鶏肉のマスタードつけ焼きⒷセロリとじゃこのつくだ煮風ⒸいんげんのおかかあえⒹ胚芽精米ご飯

オーブントースターは火力が強く、焼き上がるのが早いので、お弁当作りの強い味方です。しかし、その分ちょっと油断していると焦げてしまうので気をつけましょう。焦げそうなときはアルミ箔をかぶせるとよいでしょう。

■材料（1人分）■

Ⓐ鶏肉のマスタードつけ焼き

鶏胸肉（皮なし）…………100g

a
- 赤みそ……………小さじ½
- 酒……………………小さじ1
- 粒入りマスタード 小さじ2

ミニトマト………………20g

Ⓑセロリとじゃこのつくだ煮風

セロリ………………………40g

ちりめんじゃこ…………10g

a
- 酒……………………小さじ2
- しょうゆ…………小さじ½
- みりん……………小さじ⅕

Ⓒいんげんのおかかあえ

さやいんげん……………30g

a
- だし…………………¼カップ
- 酒……………………小さじ1
- しょうゆ…………小さじ⅓

削りガツオ…………………2g

Ⓓ胚芽精米ご飯…………110g

作り方

A鶏肉のマスタードつけ焼き

❶aを混ぜ合わせて鶏肉（鶏肉は厚い場合は、厚さを2つに切る）の表面に塗り、オーブントースターで10分ほどこんがりと焼き目がつくように焼いて全体に火を通す。

❷食べやすい大きさに切り、ミニトマトを添えて詰める。

Bセロリとじゃこのつくだ煮風

❶セロリは筋を除き、3cm長さの細めの棒状に切る。

❷なべにセロリ、ちりめんじゃこ、aを入れて弱火にかけ、混ぜながら汁けがなくなるまで煮る。

Cいんげんのおかかあえ

❶さやいんげんは筋を除き、斜めに切る。

❷なべにaを入れて煮立て、さやいんげんを入れ、ときどき混ぜながら汁けがなくなるまでいり煮にする。最後に削りガツオを加えて全体にまぶす。

鶏肉は皮を除くことでエネルギーカット

摂取エネルギーをおさえるには、素材選びが重要になります。特に肉類においては、部位や脂肪のあるなしで大幅に違います。

鶏肉の部位別、皮の有無別の100gあたりのエネルギーを示します。

胸肉皮つき…………191kcal
胸肉皮なし…………108kcal
もも肉皮つき………200kcal
もも肉皮なし………116kcal
むねの皮……………497kcal
ももの皮……………513kcal
ささ身………………105kcal

このように鶏肉は皮と皮下脂肪を除くと約40%もエネルギーをおさえることができます。

皮つきの肉を使う場合は、調理方法をくふうしましょう。フッ素樹脂加工のフライパンで油を使わずにソテーしたり、蒸したり網焼きにしたりして余分な脂肪を落とすとよいでしょう。（120ページ参照）

■応用献立例の3パターン■ 主食＝胚芽精米ご飯110g・184kcal

	主菜	副菜①	副菜②	
Ⅰ 404kcal	鶏肉のマスタードつけ焼き 152kcal	セロリとじゃこのつくだ煮風 43kcal	にらのからしじょうゆかけ 32 25kcal	
Ⅱ 406kcal	鶏肉のマスタードつけ焼き 152kcal	切り干し大根のピリ辛煮 42 48kcal	いんげんのおかかあえ 22kcal	
Ⅲ 407kcal	和風スクランブルエッグ 10 158kcal	セロリとじゃこのつくだ煮風 43kcal	いんげんのおかかあえ 22kcal	

C
B
D
A

3

サケのレモンじょうゆ焼き弁当……394kcal

Ⓐサケのレモンじょうゆ焼きⒷ玉ねぎのそぼろ煮Ⓒかぶのもみづけ Ⓓ胚芽精米ご飯

お弁当にも野菜をたっぷり入れましょう。たんぱく質中心の主菜は1品、そのほかは野菜や芋などを中心にした副菜を入れます。このお弁当ではなんと野菜が180gもとれます。

■材料（1人分）■

Ⓐサケのレモンじょうゆ焼き

- 生ザケ……80g
- a レモン汁……小さじ2
- a 酒……小さじ2
- a しょうゆ……小さじ1
- ししとうがらし……3本

Ⓑ玉ねぎのそぼろ煮

- 玉ねぎ……50g
- 豚ひき肉（赤身）……20g
- ピーマン……20g
- にんじん……20g
- a だし……1/4カップ
- a 酒……大さじ1
- a しょうゆ……小さじ1/2

Ⓒかぶのもみづけ

- かぶ……80g
- 塩……ミニスプーン1/2

Ⓓ胚芽精米ご飯……110g

- いり黒ごま……適量

作り方

Aサケのレモンじょうゆ焼き

❶サケは食べやすい大きさのそぎ切りにし、aをからめる。

❷ししとうがらしは縦に1本ずつ切り込みを入れる。

❸オーブントースターでサケとししとうがらしをこんがりと焼いて火を通す。

B玉ねぎのそぼろ煮

❶玉ねぎは2cm幅のくし形に切る。ピーマンはへたと種を除いて小さめの乱切りにする。にんじんはピーマンと同じくらいの大きさの乱切りにする。

❷なべにaとにんじんを入れて火にかけ、煮る。八分どおり火が通ったらひき肉、玉ねぎ、ピーマンを加え、混ぜながら汁けがなくなるまで煮る。

Cかぶのもみづけ

❶かぶは茎を少し残して葉を切り落とし、縦半分に切り、さらに縦に薄く切る。

❷かぶに塩をふり混ぜて少しおき、しんなりとなったら軽くもみ、汁けを絞る。

お弁当には主菜を1品、あとは野菜を詰めます

お弁当は野菜不足になりがち。揚げ物にソーセージにハンバーグを詰めてパセリを添えて終わり……ということはありませんか。お弁当といえども1日の中のたいせつな1食です。おろそかにせずにきちんとバランスのとれたお弁当にしましょう。

野菜は1日に350g以上（淡色野菜230g＋緑黄色野菜120g）を食べることが理想です。昼食には100gの野菜を食べたいものです。主菜は1品、そのほかは副菜になる野菜のおかずを詰めましょう。もの足りないように感ずるかもしれませんが、野菜100gを詰めたお弁当はけっこう食べごたえがあり、そのうえ緑黄色野菜を使えば彩りもよくなり食欲をそそります。

■応用献立例の3パターン■　主食＝胚芽精米ごまご飯110g・184kcal

	主菜	副菜①	副菜②	
Ⅰ 396kcal	サケのレモンじょうゆ焼き 128kcal	玉ねぎのそぼろ煮 65kcal	キャベツのもみづけ 24 19kcal	
Ⅱ 409kcal	サケのレモンじょうゆ焼き 128kcal	にんじんとれんこんのカレー煮 86 80kcal	かぶのもみづけ 17kcal	
Ⅲ 389kcal	エビのさんしょう焼き 92 123kcal	玉ねぎのそぼろ煮 65kcal	かぶのもみづけ 17kcal	

D
C
A
B

4 イカの照り煮弁当 ……510kcal

Ⓐイカの照り煮Ⓑじゃが芋とひじきのカレー煮Ⓒ大根の甘酢づけⒹ胚芽精米ご飯Ⓔ牛乳

骨粗鬆症予防には1日600㎎のカルシウムをとるのが理想です。ひじき、乳・乳製品、小魚、大豆・大豆製品、青菜などに多く含まれているので、積極的に食べましょう。また、牛乳は100g中に吸収率のよいカルシウムが110㎎含まれています。1日に200gは飲んでほしい食品です。

作り方

Aイカの照り煮

❶イカは7~8㎜幅の輪切りにする。アスパラガスは根元のかたい部分を除き、さっとゆでて斜めに3~4㎝長さに切る。

❷なべにaを入れて煮立て、イカを入れて混ぜながら強火で煮る。火が通ったらアスパラガスを加え、煮汁をからめるように仕上げる。

Bじゃが芋とひじきのカレー煮

❶じゃが芋は皮をむき、7~8㎜角、4㎝長さの棒状に切り、水にさらして水けをきる。

❷ひじきはたっぷりの水につけてもどし、さっと洗って水けをきる。

❸玉ねぎは1㎝幅のくし形に切る。

❹なべにaを入れて混ぜ、じゃが芋、ひじき、玉ねぎを入れて火にかける。煮立ったら火を弱め、ときどき混ぜながら汁けがなくなるまで煮る。

C大根の甘酢づけ

❶大根は皮をむいて小さな乱切りにし、ラディッシュは4~6つ割りにする。

❷aを合わせて①にからめ、しばらくおいて味をなじませる。

ひじきをもどすと……

ひじきはもどすと大幅に重量が増え、塩が抜けます。芽ひじきの場合は、水に20分浸すと重量は約4倍、塩分は0.2%になり、長ひじきの場合は、水に30分浸すと重量は約5倍、塩分は0.1%になります。

■材料(1人分)■

Ⓐイカの照り煮
- イカの胴……100g
- グリーンアスパラガス…30g
- a しょうゆ……小さじ1
- a みりん……小さじ½
- a だし……大さじ2

Ⓑじゃが芋とひじきのカレー煮
- じゃが芋……50g
- ひじき(乾)……5g
- 玉ねぎ……30g
- a だし……¼カップ
- a 塩……ミニスプーン½
- a 砂糖……小さじ⅕
- a しょうゆ……小さじ⅕
- a カレー粉……ミニスプーン⅔

Ⓒ大根の甘酢づけ
- 大根……30g
- ラディッシュ……20g
- a 酢……大さじ1
- a 塩……ミニスプーン⅔
- a 砂糖……小さじ⅔

Ⓓ胚芽精米ご飯……110g

Ⓔ牛乳……1パック(1カップ)

■応用献立例の3パターン■ 主食=胚芽精米ご飯110g・184kcal

	主菜	副菜①	副菜②	飲み物
I 523kcal	イカの照り煮 106kcal	じゃが芋とひじきカレー煮 62kcal	にんじんとれんこん酢の物 64 30kcal	牛乳 141kcal
II 528kcal	イカの照り煮 106kcal	玉ねぎとかぼちゃの煮物 112 80kcal	大根の甘酢づけ 17kcal	牛乳 141kcal
III 434kcal	牛肉といんげんしょうゆ煮 106 171kcal	じゃが芋とひじきカレー煮 62kcal	大根の甘酢づけ 17kcal	

E
C
D
A
B

5 豚肉とこんにゃくの辛味いため弁当……404kcal

Ⓐ豚肉とこんにゃくの辛味いためⒷ小松菜とえのきたけのあえ物Ⓒかぼちゃの煮物Ⓓ胚芽精米ご飯

エネルギーをおさえたお弁当にしたいときは、こんにゃくや、えのきたけなどのきのこ、海藻といったローエネルギー食品を利用しましょう。低エネルギーのお弁当にしてはかさが多いので食べごたえがあります。しかし、満足感も必要なので、油を少量使った料理を組み入れたり、芋類やかぼちゃなど腹もちのよい食材を使った料理を組み入れます。

作り方

A豚肉とこんにゃくの辛味いため

❶豚肉は一口大に切る。

❷こんにゃくは3～4㎝長さの短冊に切り、下ゆでしてざるにあげ、湯をきる。

❸フッ素樹脂加工のフライパンにごま油を熱し、豚肉をいためる。八分どおり火が通ったらこんにゃくを加えていため、全体に油がまわったらaを加え、手早くいため合わせる。

B小松菜とえのきたけのあえ物

❶小松菜は沸騰湯に入れてゆで、水にとって水をかえながらさまし、水けをよく絞って3～4㎝長さに切る。

❷えのきたけは根元のかたい石づきを切り落とし、長さを半分に切ってほぐす。アルミ箔の上にのせてaをかけ、すき間ができないようにしっかり包み、オーブントースターで5～6分蒸し焼きにする。

❸②を汁ごと小松菜に加えてあえる。

Cかぼちゃの煮物

❶かぼちゃは種とわたを除いてところどころ皮をむき、小さめの一口大に切る。

❷なべにaとかぼちゃを入れて中火にかけ、ふたをして煮る。ときどき上下を返し、かぼちゃがやわらかくなって汁けがなくなったら火を消す。

■材料（１人分）■

Ⓐ豚肉とこんにゃくの辛味いため

豚もも薄切り肉（脂身なし）……80g
こんにゃく……50g
ごま油……小さじ½
a
- 一味とうがらし……少量
- 酒……小さじ1
- 塩……ミニスプーン½
- カキ油……小さじ⅖

Ⓑ小松菜とえのきたけのあえ物

小松菜……50g
えのきたけ……40g
a
- だし……小さじ2
- しょうゆ……小さじ½

Ⓒかぼちゃの煮物

かぼちゃ……50g
a
- だし……⅓カップ
- しょうゆ……小さじ½
- 砂糖……小さじ⅓

Ⓓ胚芽精米ご飯……110g

■応用献立例の3パターン■ 主食＝胚芽精米ご飯110g・184kcal

	主菜	副菜①	副菜②	
Ⅰ 432kcal	豚肉とこんにゃくの辛味いため 148kcal	小松菜とえのきのあえ物 18kcal	里芋とひじきの煮物 96 82kcal	
Ⅱ 436kcal	豚肉とこんにゃくの辛味いため 148kcal	ひじきと小魚の煮物 32 50kcal	かぼちゃの煮物 54kcal	
Ⅲ 395kcal	鶏ひき肉のつくね煮 119 139kcal	小松菜とえのきのあえ物 18kcal	かぼちゃの煮物 54kcal	

D
C
A
B

6 ささ身のわさび焼き弁当……460kcal

Ⓐささ身のわさび焼きⒷエビとブロッコリーのごまあえⒸさつま芋の煮物Ⓓ胚芽精米ご飯

お弁当のおかずは濃い味つけになりがちです。塩分をおさえるポイントはわさびやごま、のり、マスタード、スパイス類など、香りのあるものを利用することです。

作り方

Aささ身のわさび焼き

❶ささ身は筋を除いて酒と塩をふり、上面にわさびを塗る。オーブントースターで7～8分焼いて火を通し、食べやすい大きさに切る。

❷キャベツはさっとゆで、ざるにあげてさまし、水けを絞って食べやすい大きさに切る。

❸ささ身、キャベツ、ミニトマトを詰め合わせる。

Bエビとブロッコリーのごまあえ

❶エビは背わたを除き、なべに入れて酒をふり、水大さじ2を加えてふたをし、中火にかけて5～6分蒸し煮にする。火を消してそのままさまして殻をむき、1尾を3～4つに切る。

❷ブロッコリーは小房に分け、沸騰湯に入れてゆで、ざるにあげてさます。

❸aを混ぜ合わせ、エビとブロッコリーをあえる。

Cさつま芋の煮物

❶さつま芋は皮つきのまま7～8㎜厚さの輪切りにし、水に5～6分さらしてアクを抜く。

❷なべにaとさつま芋を入れてふたをし、中火にかける。煮立ったら火を弱め、やわらかくなるまで10分ほど煮る。

わさびのおろし方

わさびはすりおろすと酵素の作用で辛味が生じます。ですからわさびは細かくおろすほど特有の辛味や香りが立ちます。目の細かいおろし金（サメ皮のおろし器が最適）でゆっくりのの字を書くようにおろすのがコツ。

■材料（1人分）■

Ⓐささ身のわさび焼き

- 鶏ささ身……100g
- 酒……小さじ1
- 塩……少量
- わさび……小さじ1/3

キャベツ……50g
ミニトマト……30g

Ⓑエビとブロッコリーのごまあえ

- エビ……50g
- 酒……小さじ1

ブロッコリー……20g

a
- だし……小さじ2
- 切り白ごま……小さじ2/3
- 塩……ミニスプーン1/2
- 砂糖……小さじ1/5

Ⓒさつま芋の煮物

さつま芋……50g

a
- 水……1/2カップ
- 砂糖……小さじ1/3
- 塩……ミニスプーン1/3

Ⓓ胚芽精米ご飯……110g
のり……少量

■応用献立例の3パターン■ 主食＝胚芽精米のりご飯110g・184kcal

	主菜	副菜①	副菜②	
Ⅰ 466kcal	ささ身のわさび焼き 136kcal	ブロッコリーのごまあえ 70kcal	にんじんのきんぴら風 84 76kcal	
Ⅱ 426kcal	ささ身のわさび焼き 136kcal	青梗菜とサクラエビのあえ物 30 36kcal	さつま芋の煮物 70kcal	
Ⅲ 460kcal	豚肉の野菜巻き焼き 56 136kcal	ブロッコリーのごまあえ 70kcal	さつま芋の煮物 70kcal	

D
C
A
B
EXTRA VIRGIN OLIVE OIL
MONINI

7

豚肉の野菜巻き焼き弁当……465kcal

Ⓐ豚肉の野菜巻き焼きⒷポテトサラダⒸさやえんどうの卵あえⒹ胚芽精米ご飯

お弁当におかずを詰めるときは、汁けをよくきることと完全にさめたおかずを入れるのがポイントです。いたみやすい芋類や卵を使ったおかずは、ほかのおかずが完全にさめていない場合は別の器に詰めると安全です。

作り方

A豚肉の野菜巻き焼き

❶豚肉に塩とこしょうをふる。

❷にんじんは4～5cm長さの細切りにする。ねぎは4～5cm長さに切り、縦半分に切る。

❸豚肉でにんじんとねぎを巻き、巻き終わりを下にしてオーブントースターの鉄板に並べる。オーブントースターで7～8分焼いて火を通す。

Bポテトサラダ

❶じゃが芋は皮をむいて一口大に切り、水にさらす。やわらかくゆでて湯をきり、ざっとつぶす。

❷きゅうりは縦4つ割りにし、小口から5mm厚さに切る。

❸aを混ぜ合わせ、じゃが芋、きゅうり、サクラエビ、削りガツオをあえる。

Cさやえんどうの卵あえ

❶さやえんどうは筋を除いて斜め半分に切り、さっとゆでてざるにあげる。

❷卵をときほぐして塩と砂糖で調味し、熱したフッ素樹脂加工のフライパンに流し入れて手早く混ぜ、細かいいり卵を作る。

❸さやえんどうをいり卵であえる。

豚肉は低脂肪の部位を選びましょう

摂取エネルギーを制限しているときは豚肉は脂肪が多いという理由で避けがちですが、たんぱく質やビタミンB類を多く含むので、脂身の少ない部位を利用することをおすすめします。

もも脂身つき……183kcal
もも脂身なし……148kcal
かた脂身つき……216kcal
かた脂身なし……171kcal
ロース脂身つき……263kcal
ロース脂身なし……202kcal
バラ脂身つき……386kcal
ヒレ……115kcal

脂身を除いたものは19～23%もエネルギーが少なくなります。

■材料（1人分）■

Ⓐ豚肉の野菜巻き焼き

豚もも薄切り肉（脂身なし）……80g
塩……ミニスプーン1弱
こしょう……少量
にんじん……30g
ねぎ……20g

Ⓑポテトサラダ

じゃが芋……60g
きゅうり……20g
サクラエビ（乾）……3g
削りガツオ……2g
a マヨネーズ……小さじ1
a しょうゆ……小さじ⅓

Ⓒさやえんどうの卵あえ

さやえんどう……30g
卵……½個
塩……ミニスプーン½
砂糖……ミニスプーン½

Ⓓ胚芽精米ご飯……110g
青のり……適量

■応用献立例の3パターン■ 主食＝胚芽精米ご飯110g・184kcal

	主菜	副菜①	副菜②	
Ⅰ 446kcal	豚肉の野菜巻き焼き 136kcal	ポテトサラダ 94kcal	ほうれん草のごまあえ 22 32kcal	
Ⅱ 436kcal	豚肉の野菜巻き焼き 136kcal	長芋のさっと煮 92 65kcal	さやえんどうの卵あえ 51kcal	
Ⅲ 436kcal	イカのしそ焼き 94 107kcal	ポテトサラダ 94kcal	さやえんどうの卵あえ 51kcal	

B
D
A
C

朝昼夜はもちろん、
お弁当のおかずにもぴったり

スピード野菜料理

使う素材の数が少ないのであっという間に作れます。もう１皿野菜料理がほしいときやお弁当のおかずとして重宝します。

青梗菜のからしみそあえ　30 kcal

からしみそはぴりっとして食欲をそそります。

●材料（2人分）

青梗菜……160g

みそ（淡色）……小さじ2
酢……小さじ2
砂糖……小さじ1
練りがらし……小さじ2/5

●作り方

❶青梗菜は１枚ずつにはがし、沸騰湯に入れてゆで、冷水にとる。水をかえながら手早くさまし、水けを絞って４～５cm長さに切る。
❷みそ、酢、砂糖を合わせて混ぜ、練りがらしも混ぜる。
❸青梗菜を②のからしみそであえて器に盛る。

キャベツの煮浸し

27kcal

春キャベツは葉がやわらかくて甘いのでシンプルな料理でどうぞ。

●材料(2人分)

キャベツ……200g
だし……1/2カップ
しょうゆ……小さじ1

●作り方

❶キャベツは一口大のざく切りにする。
❷なべにだしとしょうゆを入れて煮立て、キャベツを入れ、混ぜながらしんなりとなるまで煮、火を消す。

かぶのゆかりあえ

17kcal

市販のゆかりは塩味があるのでかぶとあえるだけででき上がり。

●材料(2人分)

かぶ……160g
ゆかり(市販のもの)……小さじ1/3

●作り方

❶かぶは茎を1～2cmつけて葉を切り落とし、水の中で茎の間のごみを竹串を使ってとり除き、縦に8つ割りにする。
❷かぶにゆかりをまぶし、しばらくおいてなじませ、器に盛る。

玉ねぎのさっと煮

41 kcal

玉ねぎは煮ると甘味が出ます。さっと煮て歯ざわりを残します。

●材料(2人分)

玉ねぎ……………………200g
だし……………………½カップ
しょうゆ…………………小さじ1
あさつきの小口切り……小さじ1

●作り方

❶玉ねぎは1㎝幅のくし形に切って1枚ずつにほぐす。
❷なべにだしとしょうゆを入れて煮立て、玉ねぎを入れて透き通るまで煮る。
❸器に盛り、あさつきの小口切りを散らす。

トマトのお浸し

24kcal

トマトはちょっと塩味を加えると甘味が引き立ちます。

●材料(2人分)

トマト……200g
しょうゆ……小さじ2
だし……小さじ1弱
削りガツオ……少量

●作り方

❶トマトは沸騰湯に入れてころがし、皮が破れたら穴じゃくしですくい上げて水にとり、手で皮をむく(湯むき)。へたを除き、横半分に切って種をとり除き、1.5〜2cm角に切って器に盛る。
❷しょうゆとだしを合わせてトマトにかけ、削りガツオを散らす。

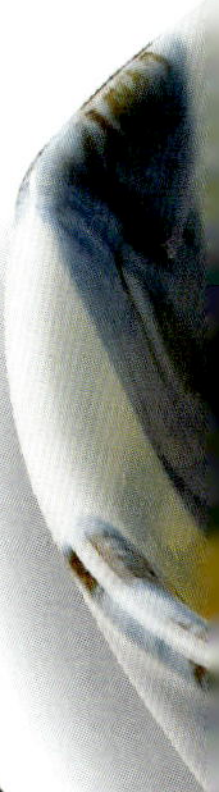

大根のごま酢あえ

26kcal

ごまの風味が食を進ませます。

●材料(2人分)

大根……140g
塩……小さじ1/5
a 酢……大さじ2
a 砂糖……小さじ1
a 水……大さじ4/5
切り白ごま……小さじ1/3

●作り方

❶大根は小さな乱切りにし、塩をふり混ぜてしばらくおく。塩がなじんだら手でもんでしんなりさせ、汁けを絞る。
❷aを合わせて大根をあえ、ごまを混ぜて器に盛る。

8 サラダ風冷やしうどん献立 ……… 392kcal

Ⓐサラダ風冷やしうどんⒷきゅうりとツナのあえ物Ⓒいんげん豆とかぼちゃのシロップ煮

めん類は、具やおかずがないとついめんばかり食べすぎてエネルギーオーバーしてしまいます。かならず野菜のおかずを組み合わせて適量を食べるようにしましょう。レタスやわかめと合わせたサラダ風仕立てなら少量のめんでも満足感が出ます。

作り方

Aサラダ風冷やしうどん

❶干しうどんはたっぷりの沸騰湯に入れ、箸で混ぜながらゆでる。ざるにあげて湯をきり、冷水にとって水をかえながら手早く洗ってさまし、水けをきる。

❷エビは背わたを除き、なべに入れて酒をふり、水を大さじ2ほど加えてふたをし、中火にかけて5～6分蒸し煮にする。火を消してそのままさまし、殻をむき除く。

❸わかめは水でもどして食べやすい大きさに切り、水けを絞る。レタスは手で一口大にちぎり、トマトはくし形に切る。

❹aを混ぜ合わせて冷たく冷やす。

❺うどん、わかめ、レタスを混ぜて皿に盛り、エビとトマトを彩りよく添え、④をかける。

Bきゅうりとツナのあえ物

❶きゅうりは縦半分に切ってから斜めに3～4mm幅に切り、塩をふり、混ぜ合わせてしばらくおいて汁けを絞る。

❷ツナは汁けをきってざっとほぐし、きゅうりと合わせてこしょうをふって混ぜ、器に盛る。

Cいんげん豆とかぼちゃのシロップ煮

❶かぼちゃは種とわたを除いて2cm角に切る。

❷なべにいんげん豆、かぼちゃ、aを入れてふたをし、中火にかける。ときどき混ぜて、かぼちゃがやわらかくなり、汁けがなくなるまで10分ほど煮る。

■材料（1人分）■

Ⓐサラダ風冷やしうどん

- 干しうどん……45g
- ｛エビ……50g
- ｛酒……小さじ1
- わかめ（乾）……2g
- レタス……50g
- トマト……100g
- a｛だし……大さじ1⅓
- a｛酢……小さじ1
- a｛しょうゆ……小さじ1

Ⓑきゅうりとツナのあえ物

- ｛きゅうり……50g
- ｛塩……ミニスプーン½
- ツナ水煮缶詰め……35g
- こしょう……少量

Ⓒいんげん豆とかぼちゃのシロップ煮

- 白いんげん豆（水煮）……40g
- かぼちゃ……50g
- a｛水……3/8カップ（75mℓ）
- a｛砂糖……小さじ1
- a｛塩……ミニスプーン½

■応用献立例の3パターン■

	主菜＋主食	副菜①	副菜②	くだもの
Ⅰ 402kcal	サラダ風冷やしうどん 244kcal	きゅりとツナのあえ物 33kcal	にんじんの豆腐あえ 88 86kcal	オレンジ 36 39kcal
Ⅱ 432kcal	サラダ風冷やしうどん 244kcal	青梗菜のからしみそあえ 58 30kcal	いんげん豆のシロップ煮 115kcal	りんご 14 43kcal
Ⅲ 376kcal	和風スパゲティ 80 228kcal	きゅうりとツナのあえ物 33kcal	いんげん豆のシロップ煮 115kcal	

C
B
A

9

きのこの温めん献立

Ⓐきのこの温めんⒷ大豆とじゃこのいり煮Ⓒにんじんとれんこんの酢の物

367kcal

そうめんは冷たくして食べるだけがおいしい食べ方ではありません。温めんにするとまた違ったおいしさが味わえます。冬のめん料理のレパートリーに加えてはいかがでしょう。

作り方

Aきのこの温めん

❶豚肉は食べやすい大きさの一口大に切る。

❷しめじは石づきを除き、ざっとほぐす。なめこは軽く水洗いしてぬめりを除き、ざるにあげて水けをきる。ねぎは縦半分に切ってから斜めに切る。にらは5cm長さに切る。

❸なべにだしを入れて煮立て、豚肉を入れて箸でほぐしながら煮る。火を弱めてアクを除き、②を加えてさっと煮、塩としょうゆで調味する。

❹そうめんはたっぷりの沸騰湯に入れ、くっつかないようにすぐ箸で混ぜ、ゆでる。ざるにあげて湯をきり、すぐ器に盛り、熱い③をかけて混ぜる。

B大豆とじゃこのいり煮

なべにaを入れて煮立て、大豆とちりめんじゃこを入れ、ときどき混ぜながら汁けがなくなるまで弱火で煮る。

Cにんじんとれんこんの酢の物

❶にんじんは短冊切りにする。れんこんは皮をむいて薄い半月切りにし、水にさらす。

❷aを混ぜ合わせておく。

❸湯を沸騰させてにんじんを入れ、4～5分ゆでて火を通す。ここにれんこんを加え、色が変わる程度にさっとゆで、いっしょにざるにあげる。

❹湯をよくきってにんじんとれんこんが熱いうちに②であえる。そのままさめるまでおいて味をなじませる。

■材料（1人分）■

Ⓐきのこの温めん

そうめん（乾）……………40g
豚もも薄切り肉（脂身なし）……………50g
本しめじ……………40g
なめこ……………50g
ねぎ……………40g
にら……………20g
だし……………3/4カップ
塩……………ミニスプーン1/2
しょうゆ……………小さじ1/5

Ⓑ大豆とじゃこのいり煮

水煮大豆……………50g
ちりめんじゃこ……………5g
a だし……………1/4カップ
a しょうゆ……………小さじ1/4
a みりん……………小さじ1/3

Ⓒにんじんとれんこんの酢の物

にんじん……………30g
れんこん……………20g
a 酢……………大さじ1
a 塩……………ミニスプーン2/3
a 砂糖……………小さじ1/3

■応用献立例の3パターン■

	主菜＋主食	副菜①	副菜②	デザート
Ⅰ 398kcal	きのこの温めん 249kcal	大豆とじゃこのいり煮 88kcal	アスパラとエビのおろしあえ 84 61kcal	
Ⅱ 438kcal	きのこの温めん 249kcal	じゃが芋とわかめの煮物 38 67kcal	にんじんとれんこんの酢の物 30kcal	黒糖かん 121 92kcal
Ⅲ 471kcal	豚肉のしゅうゆ煮丼 78 353kcal	大豆とじゃこのいり煮 88kcal	にんじんとれんこんの酢の物 30kcal	

B
C
A

10 雑菜そば献立

Ⓐ雑菜そばⒷ白菜もみづけ　レモン風味Ⓒフルーツ

436 kcal

■材料(1人分)■

Ⓐ雑菜そば

そば(乾)……45g
切り白ごま……小さじ2/3
牛もも薄切り肉(脂身なし)……80g
にんじん……30g
もやし……50g
ほうれん草……50g
a { しょうゆ……小さじ2
　　みりん……小さじ2
　　だし……大さじ3 }

Ⓑ白菜もみづけ　レモン風味

{ 白菜……80g
　塩……ミニスプーン1弱 }
レモンの薄切り……5g
レモン汁……小さじ2/5

Ⓒフルーツ

キウイフルーツ……100g

家庭にひとりでいる場合は、昼食はつい手を抜いてしまいがちです。たまには自分のためにちょっと手間をかけて料理を作り、ゆっくりと食事を楽しみながら味わうのもよいものです。彩りが美しく野菜たっぷりのめん料理なので、家族そろっての昼食にもどうぞ。

作り方

A雑菜そば

❶そばはたっぷりの沸騰湯に入れ、くっつかないようにすぐ箸で混ぜ、ゆでる。ざるにあげて湯をきり、冷水で手早く洗ってさまし、水けをきる。切りごまをまぶして器の中央に盛る。

❷牛肉は食べやすい大きさに切り、沸騰湯に入れてさっとゆで、冷水にとってさまし、水けをきる。

❸にんじんは3～4cm長さのせん切りにしてゆで、ざるにあげる。もやしは根を除いてゆで、ざるにあげる。ほうれん草は沸騰湯に入れてゆで、冷水にとり、水をかえながら手早くさます。根元をそろえて水けを絞り、3～4cm長さに切る。

❹aを合わせてひと煮立ちさせ、さます(たれ)。

❺そばのまわりに②と③を盛り合わせ、たれを添える。

B白菜もみづけ　レモン風味

❶白菜は葉と軸に切り分け、葉はざく切りにし、軸は食べやすいように小さめに切る。塩をふり混ぜてしばらくおき、なじませる。

❷レモンの薄切りはいちょう切りにする。

❸白菜は手でもんでしんなりさせて汁けを絞り、レモンのいちょう切り、レモン汁と混ぜ合わせ、器に盛る。

Cフルーツ

キウイフルーツは皮をむいて食べやすい大きさに切る。

■応用献立例の3パターン■

	主菜＋主食	副菜①	副菜②	くだもの
Ⅰ 455kcal	雑菜そば 368kcal	白菜もみづけレモン風味 15kcal	さつま芋のレモン煮 30 72kcal	
Ⅱ 469kcal	雑菜そば 368kcal	春菊と納豆のあえ物 34 48kcal		キウイフルーツ 53kcal
Ⅲ 397kcal	梅風味の混ぜご飯 79 275kcal	白菜もみづけレモン風味 15kcal	かぼちゃの煮物 52 54kcal	キウイフルーツ 53kcal

C
B
A

11

Ⓐサケとレタスの混ぜご飯Ⓑじゃが芋とひき肉のきんぴら風Ⓒにらたま汁

サケとレタスの混ぜご飯献立 ……………… 442kcal

レタスを使った混ぜご飯は意外な料理のように見えますが、レタスのシャキッとした歯ざわりがおいしさのポイントです。サケは塩をしてあるものを使うときには、加える塩は除いてください。

作り方

Aサケとレタスの混ぜご飯

❶サケは塩をふって焼き網でこんがりと焼き、皮と骨を除いて身をほぐす。

❷レタスは一口大に手でちぎり、しょうがはみじん切りにする。

❸ご飯に①と②を加えてさっくりと混ぜる。

Bじゃが芋とひき肉のきんぴら風

❶じゃが芋は皮をむいて2～3㎜厚さのいちょう切りにし、水につけて5～6分おき、ざるにあげて水けをよくきる。

❷赤とうがらしは種を除き、ぬるま湯でもどし、小口切りにする。

❸フッ素樹脂加工のフライパンを火にかけ、ひき肉を入れてほぐしながらいためる。だいたい色が変わったらじゃが芋と赤とうがらしを加えて軽くいため合わせ、全体に油がなじんだらaを加え、ときどき混ぜながら汁けがなくなるまで煮る。

Cにらたま汁

❶にらは1～2㎝長さに切る。

❷なべにaを入れて煮立て、にらを入れてひと煮する。卵をときほぐしてまわし入れ、卵がふわっと浮き上がってきたら火を消す。

塩ザケの塩分一覧

サケは、塩蔵の加工度によって含まれる塩分が大幅に違います。

次にサケ1切れ100gあたりの食塩量を示します。ただし、甘・辛の区別には基準がないので標準的数値を紹介します。普通、甘と辛の塩分は2～3倍の差があるようです。

塩ザケ・辛……………1.9g
塩ザケ・普通…………1.8g
塩ザケ・中辛…………1.4g
塩ザケ・新巻…………3.0g
塩ザケ・甘塩…………0.9g

塩分の1日の摂取量の目安は10gですから、できれば生ザケを使って調味料で調味すれば塩分はおさえられます。

■材料（1人分）■

Ⓐサケとレタスの混ぜご飯

胚芽精米ご飯…………100g
{ 生ザケ……………80g
{ 塩……………ミニスプーン1/5
レタス……………80g
しょうが……………2g

Ⓑじゃが芋とひき肉のきんぴら風

じゃが芋……………80g
豚ひき肉（赤身）…………30g
赤とうがらし……………1/2本
a { だし……………1/4カップ
a { しょうゆ…………小さじ1
a { 砂糖……………小さじ1/5

Ⓒにらたま汁

にら……………20g
卵……………1/2個
a { だし……………3/4カップ
a { 塩……………ミニスプーン2/3
a { しょうゆ…………小さじ1/5

■応用献立例の3パターン■

	主菜＋主食	副菜	汁物	
Ⅰ 411kcal	サケとレタスの混ぜご飯 284kcal	じゃが芋のきんぴら風 109kcal	小松菜と糸こんにゃくのすまし汁 102 18kcal	
Ⅱ 376kcal	サケとレタスの混ぜご飯 284kcal	野菜たっぷり煮物 10 43kcal	にらたま汁 49kcal	
Ⅲ 521kcal	牛肉とレタスのいため丼 81 363kcal	じゃが芋のきんぴら風 109kcal	にらたま汁 49kcal	

B
C
A

12

にんじんご飯のきじ焼き丼献立……400kcal

Ⓐにんじんご飯のきじ焼き丼Ⓑなすとさやいんげんの煮物Ⓒ麩と三つ葉の汁物

丼物のご飯ににんじんを加えると、かさが増えて満足度とともに味わいも増します。そのうえご飯の食べすぎも防げます。

作り方

Aにんじんご飯のきじ焼き丼

❶にんじんはあらみじんに切ってゆで、ざるにあげて湯をよくきる。ご飯と合わせてさっくりと混ぜ、丼に盛る。

❷鶏肉は厚みが均一になるように厚い部分に包丁を入れて開き、aをからめて15分ほどおく。

❸フッ素樹脂加工のフライパンにサラダ油を熱して鶏肉を入れ、両面にこんがりと焼き色をつける。酒をふり入れて弱火にし、ふたをして7～8分蒸し焼きにし、火を通す。

❹肉を食べやすい大きさに切ってご飯の上にのせ、フライパンに残った焼き汁をかける。

Bなすとさやいんげんの煮物

❶なすは縦にしま目に皮をむいて縦半分に切り、皮のほうに横に細かい切り目を入れ、食べやすい大きさに切る。

❷さやいんげんは筋を除いて4～5cm長さに切る。

❸なべにaを入れて煮立て、なすとさやいんげんを入れる。再び煮立ったら火を弱め、落としぶたとなべぶたをしてことことと12～13分煮る。なすとさやいんげんがくったりとやわらかくなったらでき上がり。

C麩と三つ葉の汁物

❶三つ葉は根を切り除いて2～3cm長さに切る。

❷麩はたっぷりの水につけてもどし、水けをよく絞って食べやすい大きさにちぎる。

❸なべにだしを入れて煮立て、塩としょうゆで調味する。三つ葉と麩を加えてひと煮し、火を消す。

■材料(1人分)■

Ⓐにんじんご飯のきじ焼き丼

胚芽精米ご飯……100g
にんじん……30g
鶏もも肉(皮なし)……100g
a ｛しょうゆ……小さじ1
　 みりん……小さじ½
サラダ油……小さじ½
酒……大さじ1

Ⓑなすとさやいんげんの煮物

なす……80g
さやいんげん……20g
a ｛だし……½カップ
　 塩……ミニスプーン1弱
　 みりん……小さじ½

Ⓒ麩と三つ葉の汁物

糸三つ葉……20g
麩……5g
だし……¾カップ
塩……ミニスプーン1弱
しょうゆ……小さじ⅕

■応用献立例の3パターン■

	主菜＋主食・主菜	副菜①	副菜②・汁物	デザート・主食
Ⅰ 409kcal	にんじんご飯のきじ焼き丼 339kcal	なすとさやいんげんの煮物 33kcal	和風おかかサラダ 92 37kcal	
Ⅱ 442kcal	にんじんご飯のきじ焼き丼 339kcal	きゅうりとわかめの酢の物 16 18kcal	麩と三つ葉の汁物 28kcal	グレープフルーツのカラメル煮 120 57kcal
Ⅲ 412kcal	豆腐とキャベツのいため物 32 167kcal	なすとさやいんげんの煮物 33kcal	麩と三つ葉の汁物 28kcal	胚芽精米ご飯 184kcal

B
C
A

13 ひじきご飯のタコきゅうり丼献立……423kcal

Ⓐひじきご飯のタコきゅうり丼Ⓑれんこんのおかか煮Ⓒほうれん草とにんじんのすまし汁

外食店の丼物は、高エネルギー、高脂肪、多塩でさらに野菜不足。家庭で作るときはもっとヘルシーで野菜たっぷりの丼物にしましょう。タコやイカなどは肉や魚に比べ、ヘルシーな素材です。

作り方

Aひじきご飯のタコきゅうり丼

❶ひじきはたっぷりの水につけてもどし、さっと水洗いし、ざるにあげて水けをきる。なべに入れ、酒をふって中火にかけ、いりつけて汁けをとばす。ご飯と合わせてさっくりと混ぜる。

❷タコは一口大のそぎ切りにする。きゅうりは縦にしま目に皮をむき、3～4㎜厚さに斜めに切る。

❸ねぎとしょうがはみじん切りにし、しょうゆ、砂糖、ごま油と混ぜ合わせる。

❹②、③を合わせてよく混ぜる。

❺丼にひじきご飯を盛り、きゅうり、タコの順にのせる。

Bれんこんのおかか煮

❶れんこんは皮をむいて7～8㎜厚さの輪切りにし、水にさらして5～6分おき、水けをきる。

❷なべにaを入れて煮立て、れんこんを入れて混ぜながら煮る。煮汁がほとんどなくなったら火を消し、削りガツオ（少しとり分けておく）を加えて全体にまぶす。

❸器に盛ってとり分けておいた削りガツオをふる。

Cほうれん草とにんじんのすまし汁

❶ほうれん草はたっぷりの沸騰湯に入れてゆで、水にとって水をかえながら手早くさます。水けを絞って4㎝長さに切る。

❷にんじんはせん切りにする。

❸なべにだしを入れて煮立て、塩としょうゆで調味する。ほうれん草とにんじんを加えてひと煮し、火を消す。

■材料（1人分）■

Ⓐひじきご飯のタコきゅうり丼

- 胚芽精米ご飯……120g
- ｛ひじき（乾）……10g
- 　酒……小さじ1
- ゆでダコ（刺身用）……70g
- きゅうり……100g
- ｛ねぎ……5g
- 　しょうが……3g
- 　しょうゆ……大さじ1/2
- 　砂糖……小さじ1/3
- 　ごま油……小さじ1/2

Ⓑれんこんのおかか煮

- れんこん……80g
- a｛だし……2/5カップ
- 　しょうゆ……小さじ1/2
- 　酒……小さじ1
- 削りガツオ……2g

Ⓒほうれん草とにんじんのすまし汁

- ほうれん草……50g
- にんじん……20g
- だし……3/4カップ
- 塩……ミニスプーン1弱
- しょうゆ……ミニスプーン1/2

■応用献立例の3パターン■

	主菜＋主食	副菜	汁物	くだもの
Ⅰ 484kcal	タコきゅうり丼 332kcal	れんこんのおかか煮 69kcal	さつま芋のみそ汁 101 83kcal	
Ⅱ 395kcal	タコきゅうり丼 332kcal	玉ねぎのさっと煮 60 41kcal	ほうれん草のすまし汁 22kcal	
Ⅲ 419kcal	青菜と干物の混ぜご飯 78 275kcal	れんこんのおかか煮 69kcal	ほうれん草のすまし汁 22kcal	キウイフルーツ 10 53kcal

C
B
A

和風クイックシチュー献立 ……… 493kcal

Ⓐ和風クイックシチューⒷきゅうりとコーンのからしあえⒸ胚芽精米ご飯Ⓓフルーツ

和風のだしと牛乳で作るさっぱり味のシチューです。牛乳をあまり飲まない人、牛乳が苦手な人、カルシウム不足の人、中でもお年寄りにおすすめ。牛乳の量を増やすと、よりこくのある仕上がりになります。

作り方

A和風クイックシチュー

❶豚肉は一口大に切る。

❷竹の子とにんじんは3～4㎜厚さのいちょう切りにし、下ゆでする。ねぎは小口から1㎝幅に切る。しいたけは石づきを除き、4つ割りにする。

❸なべにごま油を熱し、肉をいため、色が変わったら②を加えていため、全体に油がまわったら小麦粉をふり入れてなじむまでいためる。

❹だしを注ぎ、なべ底をこすりながらよく混ぜ、煮立ったら弱火にして、野菜に火が通るまで5～6分煮る。牛乳を加えて塩とこしょうで調味し、ひと煮して火を消す。

Bきゅうりとコーンのからしあえ

❶きゅうりは縦にしま目に皮をむいて長めの乱切りにする。とうもろこしは汁けをきる。

❷aを混ぜ合わせてきゅうりととうもろこしをあえ、器に盛る。

■材料(1人分)■

Ⓐ和風クイックシチュー

豚もも薄切り肉(脂身なし)……80g
ゆで竹の子……30g
にんじん……40g
ねぎ……40g
生しいたけ……2枚(20g)
ごま油……小さじ½
小麦粉……小さじ1
だし……½カップ
牛乳……50g
塩……ミニスプーン1弱
こしょう……少量

Ⓑきゅうりとコーンのからしあえ

きゅうり……50g
とうもろこし(缶詰め)…30g
a
- しょうゆ……小さじ1
- だし……小さじ2
- みりん……小さじ½
- 練りがらし……小さじ⅕

Ⓒ胚芽精米ご飯……110g

Ⓓフルーツ

グレープフルーツ……100g
ミントの葉(あれば)……適量

グレープフルーツはぶどうの味?

名前の由来は香りがぶどうに似ているからという説がありますが、本当は多数の果実がぶどうのように房状に結実しやすいことからきています。

柑橘《かんきつ》類はビタミンCを多く含むので献立にとり入れてほしいくだものです。1日のビタミンCの所要量は100㎎です。グレープフルーツは果肉100g中36㎎、温州《うんしゅう》みかんは32㎎、バレンシアオレンジ40㎎、夏みかん38㎎、はっさく40㎎です。

■応用献立例の3パターン■

	主菜・主菜+主食	副菜①	副菜②	くだもの・主食
Ⅰ 474kcal	和風クイックシチュー 224kcal	きゅうりのからしあえ 47kcal	キャベツのもみづけ 24 19kcal	胚芽精米ご飯 184kcal
Ⅱ 504kcal	和風クイックシチュー 224kcal	にんじんのチーズあえ 24 58kcal		グレープフルーツ 38kcal 胚芽精米ご飯 184kcal
Ⅲ 393kcal	パスタの和風トマトソース 80 236kcal	きゅうりのからしあえ 47kcal	さつま芋のレモン煮 30 72kcal	グレープフルーツ 38kcal

B
D
C
A

15

豚肉とキャベツのソースいため献立……511kcal

Ⓐ豚肉とキャベツのソースいためⒷピーマンとトマトのおろしあえⒸにらともやしのみそ汁Ⓓ胚芽精米ご飯

油を使った料理を1品入れるときには、そのほかの料理はできるだけ油を使わない料理を組み合わせるのが1献立のエネルギーをおさえる方法です。揚げ物やいため物の献立もこれを守ればエネルギーオーバーになりません。

それに油を使わないさっぱりとした料理を組み合わせることで献立の全体の味のバランスもよくなります。

作り方

A豚肉とキャベツのソースいため

❶豚肉は食べやすい大きさの一口大に切る。

❷キャベツは食べやすい大きさのざく切りにする。ねぎは5㎜の厚さに斜めに切り、にんじんは薄い半月切りにする。

❸フッ素樹脂加工のフライパンにサラダ油を熱し、にんじんをいためる。こんがりと焼き色がついたら豚肉を加えていため、肉の色が変わったらキャベツとねぎを加えていため、酒とウスターソースをまわし入れてさっといため合わせる。

Bピーマンとトマトのおろしあえ

❶ピーマンは縦半分に切ってへたと種を除いて焼き網で焼き、乱切りにする。

❷トマトは沸騰湯に入れて皮を湯むきし、へたを除いて一口大に切り、種を除く。

❸大根はすりおろして汁けを軽くきり、酢、塩、砂糖を加えて混ぜ合わせる。

❹ピーマンとトマトを③であえて器に盛る。

Cにらともやしのみそ汁

❶にらは5㎝長さに切り、もやしは根を除く。

❷だしを煮立て、にらともやしを入れてさっと煮、みそをとき入れてひと煮し、火を消す。

■材料（1人分）■

Ⓐ豚肉とキャベツのソースいため

豚もも薄切り肉（脂身なし）……100g
キャベツ……80g
ねぎ……30g
にんじん……20g
サラダ油……小さじ1
酒……小さじ1
ウスターソース……小さじ2

Ⓑピーマンとトマトのおろしあえ

ピーマン……50g
トマト……70g
大根……100g
酢……大さじ1
塩……ミニスプーン2/3
砂糖……小さじ1/3

Ⓒにらともやしのみそ汁

にら……20g
もやし……50g
だし……3/4カップ
みそ（淡色）……小さじ2

Ⓓ胚芽精米ご飯……110g

■応用献立例の3パターン■ 主食＝胚芽精米ご飯110g・184kcal

	主菜	副菜	汁物	
Ⅰ 512kcal	豚肉のソースいため 237kcal	ピーマンとトマトのおろしあえ 50kcal	ほうれん草のかきたま汁 38 41kcal	
Ⅱ 533kcal	豚肉のソースいため 237kcal	ポテトサラダ 56 94kcal	小松菜と糸こんにゃくのすまし汁 102 18kcal	
Ⅲ 387kcal	豚肉とこんにゃくの煮物 117 113kcal	ピーマンとトマトのおろしあえ 50kcal	にらともやしのみそ汁 40kcal	

C
B
D
A

1皿で昼食

ひとりで家にいると手を抜いてしまいがちな昼食を野菜たっぷりで手早く作れる料理で楽しみましょう。もちろん家族そろっての休日の昼食にもおすすめです。

豚肉とキャベツのしょうゆ煮丼

353 kcal

ボリュームのある丼物です。育ちざかりの子供にはぴったり。

●材料(2人分)

- 温かい胚芽精米ご飯……240g
- 豚もも薄切り肉(脂身なし)……160g
- キャベツ……200g
- にら……40g
- だし……3/4カップ
- しょうゆ……小さじ2
- 練りがらし……少量

青菜と干物の混ぜご飯

275 kcal

ご飯に魚をほぐして加えるので子供やお年寄りにも食べやすい。

●材料(2人分)

- 温かい胚芽精米ご飯……240g
- 小松菜……100g
- しょうが……4g
- アジの干物……80g

●作り方

❶小松菜はたっぷりの沸騰湯に入れてゆで、水にとって手早くさまし、水けを絞る。2cm長さに切ってさらに水けをよく絞る。しょうがはみじん切りにする。

❷アジの干物は焼いて皮と骨を除き、身をほぐす。

❸ご飯に①と②を加え、さっくりと混ぜる。

●作り方

❶豚肉とキャベツは一口大に切り、にらは4～5cm長さに切る。

❷なべにだしとしょうゆを入れて煮立て、キャベツを入れ、混ぜながら煮る。しんなりとなったら肉を加えて煮、火が通ったらにらを加えて混ぜながらさっと煮る。

❸丼にごはんを盛って②を煮汁ごとのせ、練りがらしを添える。

梅風味の混ぜご飯

275kcal

さっぱりとした混ぜご飯なので夏の食卓におすすめです。

●材料(2人分)

温かい胚芽精米ご飯……240g
梅干し(種を除いたもの)……20g
鶏ささ身……100g
セロリ……100g
青じそ……4枚
いり白ごま……小さじ1強

●作り方

❶梅干しは種を除いて小さくちぎる。

❷ささ身は筋を除いてなべに入れ、水少量を加えて火にかけ、ふたをして蒸し煮にし、手で小さく裂く。

❸セロリは筋を除いて5mm角に切り、沸騰湯に入れてくぐらせる程度にさっとゆで、ざるにあげて湯をきる。しそは1cm角に切る。

❹ご飯、①、②、③、ごまを合わせ、さっくりと混ぜる。

和風スパゲティ

228 kcal

しょうゆ味のスパゲティです。のりと削りガツオが味のポイント。

●材料(2人分)

スパゲティ(乾)……80g
レタス……100g
ゆでダコ……100g
a ┌しょうが汁……小さじ1弱
　 │しょうゆ……小さじ2
　 └だし……大さじ2
ねぎ……40g
焼きのり……1枚(3g)
削りガツオ……4g

●作り方

❶レタスは手で小さくちぎり、タコはそぎ切りにする。
❷aを混ぜ合わせておく。
❸ねぎは縦半分に切ってから斜めに薄く切り、ふきんに包んで水にさらし、水けを絞る。のりは細切りにする。
❹たっぷりの湯を沸騰させてスパゲティを入れ、すぐ箸で混ぜ、ゆでる。ざるにあげて湯をきり、レタスとタコを混ぜ、②であえる。
❺器に盛り、ねぎ、のり、削りガツオを散らす。

パスタの和風トマトソースあえ

236 kcal

トマトの甘味と酸味、ツナのうま味が調味料になります。

●材料(2人分)

パスタ(乾)……80g
ほうれん草……100g
キャベツ……60g
┌トマト水煮缶詰め……400g
│ツナ水煮缶詰め……80g
│こしょう……少量
└七味とうがらし……少量

●作り方

❶ほうれん草はたっぷりの沸騰湯でゆでて水にとり、水けを絞って3～4cm長さに切る。キャベツは一口大に切る。
❷トマトは缶汁ごとなべにあけ、つぶす。ツナを汁けをきって加え混ぜ、こしょうと七味とうがらしをふり入れ、ひと煮立ちさせる。
❸たっぷりの湯を沸騰させてパスタを入れ、すぐ箸で混ぜ、ゆでる。ゆで上がる直前にキャベツを加えてさっと火を通し、いっしょにざるにあげる。

❹③の湯をよくきって②のなべに入れ、ほうれん草も加え、手早くあえて器に盛る。

牛肉とレタスのいため丼

363 kcal

レタスはいため物やスープの具にも合う野菜です。

●材料(2人分)

胚芽精米ご飯……200g
もやし……200g
牛もも薄切り肉(脂身なし)…160g
レタス……200g
ごま油……小さじ1
カキ油……小さじ2
こしょう……少量

●作り方

❶もやしは根を除き、沸騰湯に入れてさっとゆで、ざるにあげる。湯をよくきってご飯に加え混ぜ、丼に盛る。
❷牛肉は一口大に切り、レタスは手でちぎる。
❸フッ素樹脂加工のフライパンにごま油を熱し、牛肉をいためる。八分どおり火が通ったらレタスを加えていため合わせ、カキ油、こしょうを加えてさっと混ぜる。
❹①のもやしご飯の上に③を広げてのせる。

1 アジのたたき焼き献立……453kcal

Ⓐアジのたたき焼きⒷじゃが芋とにんじんとハムの酢の物Ⓒなすの土佐煮Ⓓ胚芽精米ご飯

子供からお年寄りまで好まれる魚で作るハンバーグです。ねぎ、しょうが、みその香りがポイント。

作り方

Aアジのたたき焼き

❶アジは三枚におろして腹骨をそぎとり、皮を除いて包丁で細かくたたく。

❷ねぎはみじん切りにし、しょうがはすりおろす。

❸たたいたアジに②とみそをのせ、包丁でトントンとたたき混ぜる。6等分し、手で小判形にざっと形作る。

❹フッ素樹脂加工のフライパンを火にかけて熱し、③を入れて中火で両面をこんがりと焼いて火を通す。

❺きゅうりは皮をところどころむいて長めの乱切りにする。

❻皿にしそを敷いてアジのたたき焼きを盛り、きゅうりとラディッシュを添える。

Bじゃが芋とにんじんとハムの酢の物

❶じゃが芋とにんじんはせん切りにし、じゃが芋は水が濁らなくなるまで数回水をかえてよくさらす。

❷湯を沸騰させてじゃが芋とにんじんを入れ、色が変わる程度にさっとゆで、ざるにあげる。水をかけて手早くさまし、水けをしっかりきる。

❸ハムもせん切りにする。

❹aを合わせ、じゃが芋、にんじん、ハムをあえる。

Cなすの土佐煮

❶なすは縦にしま目に皮をむいて縦半分に切り、斜めに3等分ずつにする。水に10分ほどさらしてアクを抜き、水けをきる。

❷なべにaを入れて煮立て、なすを入れて落としぶたをし、中火で7～8分煮る。煮汁がほとんどなくなったら火を消し、削りガツオを加えて全体にまぶす。

魚は健康のもと DHAとIPA

魚の魚油に含まれるDHA（ドコサヘキサエン酸）は、適量を摂取すると血中コレステロール値を下げるといわれています。また、IPA（イコサペンタエン酸）は血中の中性脂肪値を下げるといわれています。ですから、魚を適量食べることで高脂血症を予防できるといえます。健康のために、1日に1食は魚を食べることをおすすめします。

■材料（2人分）■

Ⓐアジのたたき焼き

アジ……200g
ねぎ……20g
しょうが……4g
赤みそ……大さじ1
青じそ……6枚（6g）
きゅうり……80g
ラディッシュ……6個（60g）

Ⓑじゃが芋とにんじんとハムの酢の物

じゃが芋……100g
にんじん……40g
ロースハム……20g
a ｛酢……大さじ1⅓
　　だし……小さじ2
　　しょうゆ……小さじ1

Ⓒなすの土佐煮

なす……240g
a ｛だし……½カップ
　　しょうゆ……小さじ⅔
　　みりん……小さじ1
削りガツオ……5g

Ⓓ胚芽精米ご飯……220g

■応用献立例の3パターン■ 主食＝胚芽精米ご飯110g・184kcal

	主菜	副菜①	副菜②	
Ⅰ 435kcal	アジのたたき焼き 154kcal	じゃが芋とにんじんとハムの酢の物 70kcal	キャベツの煮浸し 59 27kcal	
Ⅱ 487kcal	アジのたたき焼き 154kcal	にらと豚肉のからしあえ 94 104kcal	なすの土佐煮 45kcal	
Ⅲ 536kcal	豚肉とキャベツのソースいため 76 237kcal	じゃが芋とにんじんとハムの酢の物 70kcal	なすの土佐煮 45kcal	

C
B
D
A

2 カレイのカレーじょうゆ煮献立…432kcal

Ⓐカレイのカレーじょうゆ煮Ⓑアスパラとエビのおろしあえⓒにんじんとレーズンのきんぴら風Ⓓ胚芽精米ご飯

いつものしょうゆ味の煮魚をカレー風味に仕上げました。カレーの香りが魚特有の臭みをかき消してくれます。さっぱりとした味わいのアスパラとエビのおろしあえと組み合わせます。

作り方

Aカレイのカレーじょうゆ煮

❶カレイは黒い皮のほうに十字の切り込みを入れる。

❷なべにaを入れて強火で煮立て、カレイを切れ目が上になるようにして入れる。再び煮立ったら中火にして落としぶたをし、12～13分煮て火を通す。

❸貝割れ菜は根元を除く。

❹皿にカレイを盛って煮汁をかけ、貝割れ菜を添える。

Bアスパラとエビのおろしあえ

❶アスパラガスは根元のかたい部分と根元の皮を除き、沸騰湯に入れてゆで、2㎝長さに切る。

❷エビは背わたを除いてなべに入れ、水大さじ1～2をふってふたをし、弱めの中火で蒸し煮にする。そのままさまし、殻をむいて1尾を半分ずつに切る。

❸大根はすりおろして汁けを軽くきり、塩、砂糖、酢を加えて混ぜる。

❹アスパラガスとエビを③であえ、器に盛る。

Cにんじんとレーズンのきんぴら風

❶にんじんは2～3㎜厚さのいちょう切りにする。

❷レーズンはぬるま湯につけてもどし、汁けをきる。

❸なべにサラダ油を熱してにんじんとレーズンを入れ、少しこんがりするまでよくいためる。ここに一味とうがらしをふり入れ、aを加え混ぜ、汁けがなくなるまでいり煮にする。

ヒラメとカレイの見分け方は、"左ヒラメに右カレイ"

1尾もののカレイとヒラメは、形状が似ているので識別しにくかったり違いがわからなかったりという人はいませんか。

カレイとヒラメを見分けるには、皮の黒い側を上にして腹側を手前に置いてみます。そのときに頭が左になるのがヒラメ、右になるのがカレイです。

■材料（2人分）■

Ⓐカレイのカレーじょうゆ煮

カレイ…………2切れ160g

a
- だし…………3/4カップ
- 酒…………大さじ2
- しょうゆ…………大さじ1
- みりん…………小さじ2
- カレー粉…………小さじ1/2

貝割れ菜…………10g

Ⓑアスパラとエビのおろしあえ

グリーンアスパラガス…………5本（100g）

エビ…………60g

- 大根…………100g
- 塩…………ミニスプーン4/5
- 砂糖…………小さじ1 1/3
- 酢…………大さじ2

ⓒにんじんとレーズンのきんぴら風

にんじん…………100g

レーズン…………20g

サラダ油…………小さじ1

一味とうがらし…………少量

a
- だし…………大さじ2
- 酒…………小さじ2
- しょうゆ…………小さじ2

Ⓓ胚芽精米ご飯…………220g

■応用献立例の3パターン■　主食＝胚芽精米ご飯110g・184kcal

	主菜	副菜①	副菜②・汁物	デザート
Ⅰ 439kcal	カレイのカレーじょうゆ煮 111kcal	アスパラとエビのおろしあえ 61kcal	さつま芋とねぎと貝割れ菜のみそ汁 101 83kcal	
Ⅱ 402kcal	カレイのカレーじょうゆ煮 111kcal	きゅうりの夏みかんあえ 42 31kcal	にんじんとレーズンのきんぴら風 76kcal	
Ⅲ 493kcal	アサリとにらの茶碗蒸し 116 67kcal	アスパラとエビのおろしあえ 61kcal	にんじんとレーズンのきんぴら風 76kcal	くず寄せ白玉 123 105kcal

C
B
A
D

3 アジの焼き南蛮献立 ……… 435kcal

Ⓐアジの焼き南蛮Ⓑにんじんとれんこんのカレー煮Ⓒきゅうりとホタテ貝柱のあえ物Ⓓ胚芽精米ご飯

焼いたアジを熱いうちに南蛮づけのたれにつけます。揚げ物の南蛮づけより低エネルギーでさっぱりとした味わいです。

作り方

Aアジの焼き南蛮

❶アジはぜいごを除き、三枚におろして腹骨をそぎとる。

❷ねぎは4〜5cm長さに切り、ししとうがらしは縦に1本ずつ短い切り込みを入れる。

❸赤とうがらしはぬるま湯でもどし、種を除いて輪切りにし、残りのaと合わせておく。

❹オーブンの天板に網を置いてアジ、ねぎ、ししとうがらしを並べてのせ、220〜230度に熱したオーブンに入れて7〜8分焼き、ねぎとししとうは焼き色がついたらとり出し、アジに火を通す。

❺焼きたての熱いところを③につけ、少しおいて味をなじませる。

Bにんじんとれんこんのカレー煮

❶にんじんは乱切りにする。

❷れんこんは皮をむいて7〜8mm厚さの半月切りにし、水に5〜6分さらしてアク抜きし、水けをよくきる。

❸なべにごま油を熱し、中火弱くらいの火加減でにんじんとれんこんをよくいためる。

❹八分どおり火が通ったらaを加え、ときどき混ぜながら汁けがなくなるまで煮る。

Cきゅうりとホタテ貝柱のあえ物

❶きゅうりは縦にしま目に皮をむいて薄い小口切りにし、塩をふり混ぜてしばらくおく。塩がなじんだら手でもんでしんなりさせ、汁けを絞る。

❷ホタテ貝柱は汁けをきって細かくほぐし、塩とこしょうをふって混ぜる。

❸きゅうりとホタテ貝柱をあえ混ぜ、小鉢に小高く盛る。

南蛮はとうがらしのこと

南蛮は、室町時代の末期以後の、フィリピン・シャム（現タイ王国）・ポルトガル・スペインなどのことをいい、そこから渡ってきたものにこの名をつけました。現在では南蛮と名のつく料理はとうがらしを使った料理を指します。

南蛮づけのたれには、焼きたてあるいは揚げたてのものをつけると中心部までたれがしみ込みます。

■材料（2人分）■

Ⓐアジの焼き南蛮

- アジ……4尾（200g）
- ねぎ……40g
- ししとうがらし……30g
- a
  - 赤とうがらし……1/2本
  - 酢……大さじ2 2/3
  - 塩……小さじ2/5
  - しょうゆ……小さじ3/5
  - みりん……小さじ1 1/3

Ⓑにんじんとれんこんのカレー煮

- にんじん……100g
- れんこん……100g
- ごま油……小さじ1
- a
  - 酒……小さじ2
  - だし……1/4カップ
  - カレー粉……小さじ1/2
  - しょうゆ……小さじ1

Ⓒきゅうりとホタテ貝柱のあえ物

- きゅうり……100g
- 塩……小さじ1/5
- ホタテ貝柱（缶詰め）…40g
- 塩……ミニスプーン2/5
- こしょう……少量

Ⓓ胚芽精米ご飯……220g

■応用献立例の3パターン■ 主食＝胚芽精米ご飯110g・184kcal

	主菜	副菜①	副菜②	デザート
Ⅰ 459kcal	アジの焼き南蛮 145kcal	にんじんとれんこんのカレー煮 80kcal	ピーマンとトマトのおろしあえ [76] 50kcal	
Ⅱ 429kcal	アジの焼き南蛮 145kcal	小松菜のお浸し [12] 17kcal	きゅうりとホタテ貝柱のあえ物 26kcal	グレープフルーツのカラメル煮 [120] 57kcal
Ⅲ 457kcal	タコのから揚げおろし添え [88] 167kcal	にんじんとれんこんのカレー煮 80kcal	きゅうりとホタテ貝柱のあえ物 26kcal	

C
B
A
D

4 タコのから揚げ　おろし添え献立……501kcal

Ⓐタコのから揚げ　おろし添えⒷかぶとこんにゃくのいり煮Ⓒにんじんときゅうりの豆腐あえⒹ胚芽精米ご飯

から揚げにした香ばしさが刺身のタコとはまたひと味違うおいしさです。歯が悪い人がいる場合にはタコに隠し包丁を入れてかみ切りやすくしましょう。

作り方

Aタコのから揚げ　おろし添え

❶タコは一口大のそぎ切りにし、酒をからめて少しおく。

❷水けをよくふいて七味とうがらしをふり、220～230度に熱した揚げ油でこんがりと揚げ、皿に盛る。

❸大根はすりおろして汁けを軽くきって小鉢に入れ、あさつきの小口切りをふる。タコのから揚げに添える。

Bかぶとこんにゃくのいり煮

❶かぶは茎を1cmほど残して葉を切り落とし、水の中で竹串を使って茎の間のごみをとり除く。縦4つ割りにし、横に半分に切る。

❷こんにゃくはスプーンで一口大にちぎり、下ゆでして湯をよくきる。

❸なべにごま油を熱してかぶとこんにゃくをいため、全体に油がなじんだらaを加え、汁けがなくなるまで中火でいり煮にする。

❹小皿に盛って仕上げた青のりを散らす。

Cにんじんときゅうりの豆腐あえ

❶にんじんは4～5cm長さのせん切りにしてさっとゆで、ざるにあげてさます。

❷きゅうりも4～5cm長さのせん切りにする。

❸豆腐は手で大きくくずしながらざるにのせ、20分ほどおいて水きりをする。これをボールに入れてよくつぶし、塩、砂糖、あたりごまを加えて混ぜる。

❹にんじんときゅうりを③の豆腐であえる。

揚げ物の吸油率

揚げ物の種類による吸油率を紹介します。

素揚げ（野菜）……7～15％
素揚げ（フライドポテト）4％
素揚げ（春巻き）………12％
から揚げ（魚）……6～7％
から揚げ（小魚）……12～13％
から揚げ（肉）……0.5～5％
天ぷら（魚介・野菜）10～25％
天ぷら（かき揚げ）…35～66％
フリッター……10～20％
フライ（魚介・肉）…10～20％
フライ（コロッケ）…6～7％

■材料（2人分）■

Ⓐタコのから揚げ　おろし添え

- ゆでダコ……200g
- 酒……小さじ2

七味とうがらし……少量
揚げ油……適量

- 大根……200g
- あさつきの小口切り小さじ⅔

Ⓑかぶとこんにゃくのいり煮

かぶ……3個（180g）
こんにゃく……½枚（120g）
ごま油……小さじ1

a
- 酒……小さじ2
- だし……½カップ
- ウスターソース…大さじ1
- 砂糖……小さじ1

青のり……少量

Ⓒにんじんときゅうりの豆腐あえ

にんじん……60g
きゅうり……60g

- もめん豆腐…⅓丁（100g）
- 塩……小さじ⅕
- 砂糖……大さじ1
- あたりごま……小さじ2

Ⓓ胚芽精米ご飯……220g

■応用献立例の3パターン■　主食＝胚芽精米ご飯110g・184kcal

	主菜	副菜①	副菜②	
I 530kcal	タコのから揚げおろし添え 167kcal	かぶとこんにゃくのいり煮 64kcal	いんげん豆とかぼちゃのシロップ煮 62 115kcal	
II 506kcal	タコのから揚げおろし添え 167kcal	れんこんのおかか煮 72 69kcal	にんじんときゅうりの豆腐あえ 86kcal	
III 483kcal	イカと長芋の煮物 116 149kcal	かぶとこんにゃくのいり煮 64kcal	にんじんときゅうりの豆腐あえ 86kcal	

D
C
B
A

5

くずし豆腐の鉢蒸し献立……384kcal

Ⓐくずし豆腐の鉢蒸しⒷえのきたけとじゃこの酢の物Ⓒ小松菜の煮浸しⒹ胚芽精米ご飯

鉢蒸しはやさしいのど越しなので、食欲がないときやかぜをひいているときなどにおすすめです。

作り方

Aくずし豆腐の鉢蒸し

❶豆腐はざっとくずし、卵はときほぐす。ホタテ貝柱は汁けをきって細かくほぐす。ねぎは縦4つ割りにし、小口から細かく刻む。

❷①をボールに入れ、かたくり粉と酒を加えてよく混ぜ合わせ、鉢2個に入れる。

❸蒸気の上がった蒸し器に入れ、中火で12～13分蒸す。

❹aを合わせてひと煮立ちさせ、蒸し上がった③の鉢に流し入れる。

Bえのきたけとじゃこの酢の物

❶えのきたけは石づきを切り除き、手でほぐす。アルミ箔でぴったり包み、火にかけた焼き網にのせて中火で5～6分蒸し焼きにする。

❷ちりめんじゃこは熱湯をかけて湯をよくきり、熱いうちにaと合わせて混ぜる。

❸えのきたけを②に加えて混ぜ、さます。

❹小鉢にこんもりと盛る。

C小松菜の煮浸し

❶小松菜は4～5cm長さのざく切りにし、茎と葉にざっと分けておく。

❷なべにaを入れて煮立て、小松菜の茎を入れてひと煮し、葉も加えて混ぜる。全体がしんなりとなったら火を消し、煮汁ごと器に盛る。

小松菜はカルシウムがたっぷり

小松菜は江戸時代から東京の小松川で栽培されてきたのが名前の由来。

小松菜はカルシウムを100g中170mgと豊富に含んでいます。これは野菜の中でもとび抜けて多く、トップクラスです。そのほかに鉄分も100g中2.8mgも含んでいて、これはほうれん草並みの量です。またカロテンも3100μgとたいへん多く含みます。

■材料(2人分)■

Ⓐくずし豆腐の鉢蒸し

絹ごし豆腐……1丁(300g)
卵……1個
ホタテ貝柱(缶詰め)……30g
ねぎ……10g
かたくり粉……小さじ1⅓
酒……小さじ2
a しょうゆ……小さじ1
　だし……大さじ1⅓
　砂糖……小さじ⅓

Ⓑえのきたけとじゃこの酢の物

えのきたけ……80g
ちりめんじゃこ……10g
a 酢……大さじ2
　だし……大さじ1⅓
　砂糖……小さじ⅓

Ⓒ小松菜の煮浸し

小松菜……140g
a だし……1カップ
　しょうゆ……小さじ2
　みりん……小さじ1

Ⓓ胚芽精米ご飯……220g

■応用献立例の3パターン■ 主食＝胚芽精米ご飯110g・184kcal

	主菜	副菜①	副菜②・汁物	デザート
Ⅰ 406kcal	くずし豆腐の鉢蒸し 154kcal	えのきたけとじゃこの酢の物 25kcal	野菜たっぷり煮物 10 43kcal	
Ⅱ 389kcal	くずし豆腐の鉢蒸し 154kcal	小松菜の煮浸し 21kcal	もやしときくらげのみそ汁 12 30kcal	
Ⅲ 491kcal	牛肉の串焼き 118 216kcal	えのきたけとじゃこの酢の物 25kcal	小松菜の煮浸し 21kcal	大根のはちみつかんてん寄せ 122 45kcal

C
B
A
D

6

Ⓐエビのさんしょう焼きⒷ長芋のさっと煮Ⓒ和風おかかサラダⒹ胚芽精米ご飯

エビのさんしょう焼き献立 ……… 409kcal

芋料理は、満腹感があるので主菜が軽いときなどに組み合わせるとよいでしょう。長芋は煮ると意外な味わい。

作り方

Aエビのさんしょう焼き

❶エビは足を除き、背に縦に1本切り込みを入れて背わたをとり除く。酒、しょうゆ、粉ざんしょうをふり混ぜて5～6分おき、味をなじませる。

❷オーブンを220～230度に熱してエビを入れ、こんがりと焼き目がつくまで7～8分焼く。

B長芋のさっと煮

❶長芋は1cm厚さの半月切りにし、酢水に約10分さらしてアク抜きする。水洗いしてぬめりを落とし、水けをきる。

❷ほうれん草は沸騰湯に入れてゆで、冷水にとって水をかけながら手早くさます。水けを絞って3cm長さに切る。

❸なべにaを入れて煮立て、長芋を入れ、途中で上下を返して中火で7～8分煮る。仕上げにほうれん草を加えてひと煮し、火を消す。

C和風おかかサラダ

❶大根とにんじんは4cm長さのせん切りにする。玉ねぎは縦に薄く切る。貝割れ菜は根元を切って除く。

❷冷水に①を入れてパリッとなるまで7～8分さらし、水けをしっかりきる。

❸酢としょうゆを混ぜる。

❹器に②を盛って削りガツオを散らし、食べるときに③の酢じょうゆをかける。

エビの背わたのとり除き方

エビの背わたは、エビの消化管です。そこには砂や食べたもののカスが入っている場合があり、とり除かないと料理の風味をそこないます。めんどうがらずに背わたはていねいにとり除きましょう。

背わたをとり除くには、エビの背を丸めて背中の中ほどの節目に竹串を差し込みます。竹串に背わたをひっかけて静かに引き抜いて除きます。

■材料（2人分）■

Ⓐエビのさんしょう焼き

エビ……………12尾（240g）
酒………………………小さじ2
しょうゆ………………小さじ1
粉ざんしょう……………少量

Ⓑ長芋のさっと煮

長芋……………………160g
ほうれん草………………60g
a { だし……………………¾カップ
しょうゆ…………小さじ¼
塩………………………小さじ⅕
砂糖……………………小さじ1 }

Ⓒ和風おかかサラダ

大根……………………100g
玉ねぎ……………………60g
にんじん…………………40g
貝割れ菜…………………10g
削りガツオ…………………2g
{ 酢………………大さじ1⅓
しょうゆ…………小さじ1 }

Ⓓ胚芽精米ご飯………220g

■応用献立例の3パターン■ 主食＝胚芽精米ご飯110g・184kcal

	主菜	副菜①	副菜②・汁物	デザート・くだもの
Ⅰ 484kcal	エビのさんしょう焼き 123kcal	長芋のさっと煮 65kcal	トマトのお浸し 61 24kcal	抹茶ババロア 121 88kcal
Ⅱ 431kcal	エビのさんしょう焼き 123kcal	和風おかかサラダ 37kcal	にらたま汁 68 49kcal	グレープフルーツ 20 38kcal
Ⅲ 397kcal	カレイのカレーじょうゆ煮 84 111kcal	長芋のさっと煮 65kcal	和風おかかサラダ 37kcal	

C
B
A
D

7 イカのしそ焼き献立 453kcal

Ⓐイカのしそ焼きⒷ玉ねぎとわかめのさっと煮Ⓒにらと豚肉のからしあえⒹ胚芽精米ご飯

主菜が軽いときは、副菜にたんぱく質の食材を使って満足度をプラスしてもよいでしょう。

作り方

Aイカのしそ焼き

❶イカは1枚に開いて皮をむき除き、包丁を少し倒して皮面に斜め格子の切り目を入れ、塩と酒をふる。

❷しそはあらみじんに切る。

❸オーブントースターにイカを切れ目を上にして入れ、7～8分焼く。八分どおり火が通ったらしそを散らし、さらに1～2分焼いて火を通す。

❹食べやすい大きさに切ってミニトマトとともに皿に盛る。

B玉ねぎとわかめのさっと煮

❶玉ねぎは1cm幅のくし形に切る。わかめは水でもどして食べやすい大きさに切り、水けをきる。

❷なべにaを入れて煮立て、玉ねぎを入れて混ぜながら透き通るまで煮る。わかめを加えてひと煮し、火を消す。

Cにらと豚肉のからしあえ

❶にらは沸騰湯に入れてさっとゆで、冷水にとって水をかえながら手早くさます。水けを絞って3cm長さに切る。

❷豚肉も沸騰湯に入れてゆで、冷水にとって水をかえながら手早くさます。水けをきって一口大に切る。

❸だし、しょうゆ、みりんを合わせて練りがらしをとき入れ、にらと豚肉をあえ、小鉢に小高く盛る。

イカを松笠に切るには皮側に包丁目を入れる

イカに包丁目を入れるのは、見た目をよくするためと、イカの表面はつるりとして味がしみ込みにくいために包丁目を入れて表面積を広くして味をしみ込みやすくするためです。また、繊維が切れるのでかみ切りやすくなります。

イカは加熱すると皮側の繊維が縮むので、包丁目を皮側に入れると松笠、内側に入れると唐草になります。

■材料（2人分）■

Ⓐイカのしそ焼き

- イカの胴……200g
- 塩……小さじ1/5
- 酒……小さじ2

青じそ……4枚（4g）
ミニトマト……90g

Ⓑ玉ねぎとわかめのさっと煮

玉ねぎ……1個（200g）
わかめ（乾）……4g

a
- だし……1/2カップ
- 塩……ミニスプーン4/5
- しょうゆ……小さじ1
- みりん……小さじ2

Ⓒにらと豚肉のからしあえ

豚もも肉（脂身なし、しゃぶしゃぶ用）……100g
にら……1束（100g）

- だし……大さじ1 1/3
- しょうゆ……小さじ2
- みりん……小さじ1
- 練りがらし……小さじ4/5

Ⓓ胚芽精米ご飯……220g

■応用献立例の3パターン■ 主食＝胚芽精米ご飯110g・184kcal

	主菜	副菜①	副菜②	汁物
Ⅰ 419kcal	イカのしそ焼き 107kcal	玉ねぎとわかめのさっと煮 58kcal	エビとブロッコリーのごまあえ 54 70kcal	
Ⅱ 460kcal	イカのしそ焼き 107kcal		にらと豚肉のからしあえ 104kcal	豆腐とさやいんげんのみそ汁 16 65kcal
Ⅲ 498kcal	鶏肉のマスタードつけ焼き 46 152kcal	玉ねぎとわかめのさっと煮 58kcal	にらと豚肉のからしあえ 104kcal	

C
B
D
A

8

ホタテ貝柱のうすくず煮献立……434kcal

Ⓐホタテ貝柱のうすくず煮Ⓑピーマンの焼き浸しⒸ里芋とひじきの煮物Ⓓ胚芽精米ご飯

ホタテ貝柱は、火を通しすぎると身がしまってかたくなるので、加熱は短時間にして煮すぎないように。

作り方

Aホタテ貝柱のうすくず煮

❶ホタテ貝柱は厚みの中央に包丁を入れて2枚ずつにそぎ、酒をからめる。

❷玉ねぎは1cm角に切る。にんじんは1cm角、2～3mm厚さの角切りにする。とうもろこしは缶から出して汁けをきる。さやえんどうは筋を除き、斜めに3～4つずつに切る。にんじんとさやえんどうは下ゆでする。

❸なべにaと玉ねぎとにんじんを入れて火にかけ、中火で3～4分煮て火を通す。ホタテ貝柱を加えてひと煮し、さやえんどうととうもろこしを加える。

❹かたくり粉を分量の水でといて加え混ぜ、煮汁にとろみがついたら火を消す。

Bピーマンの焼き浸し

❶ピーマンは縦半分に切ってへたと種を除き、焼き網でしんなりするくらいに焼き、乱切りにする。

❷aを合わせ、ピーマンが熱いうちに加えて浸し、味をなじませる。

C里芋とひじきの煮物

❶里芋は泥をよく洗い落して皮をむいて食べやすい大きさに切り、洗う。沸騰湯に入れて5～6分下ゆでし、水にとってぬめりを洗い落とす。

❷ひじきはざっと洗って砂などを除き、たっぷりの水につけてもどし、さっと洗い、ざるにあげて水けをきる。

❸なべにaと里芋とひじきを入れて落としぶたをし、強火にかける。煮立ったら中火にし、ときどき上下を返しながら里芋がやわらかくなるまで12～13分煮る。

ひじきをもっと食卓に

干しひじきには、先端の芽を集めた〝芽ひじき〟と茎の長い部分を集めた〝茎ひじき(長ひじき)〟とがあります。最近の製品はもどす時間もかからないので手軽に使えます。

栄養的には、干しひじきは鉄分とカルシウムが豊富で、鉄分は100g中55mg、カルシウムは100g中1400mgも含んでいます。1食に5g食べるとすると、鉄分2.8mg、カルシウム70mgがとれます。

■材料(2人分)■

Ⓐホタテ貝柱のうすくず煮

- ホタテ貝柱(生)……160g
- 酒……小さじ2
- 玉ねぎ……60g
- にんじん……60g
- とうもろこし(缶詰め)…60g
- さやえんどう……40g
- a
  - だし……1カップ
  - 塩……小さじ¼
  - しょうゆ……小さじ¼
  - みりん……小さじ¼
- かたくり粉・水……各小さじ⅔

Ⓑピーマンの焼き浸し

- ピーマン……100g
- a
  - だし……大さじ2
  - しょうゆ……小さじ2
  - みりん……小さじ1

Ⓒ里芋とひじきの煮物

- 里芋……200g
- ひじき(乾)……10g
- a
  - だし……¾カップ
  - 酒……小さじ2
  - しょうゆ……小さじ1
  - 砂糖……小さじ1⅓

Ⓓ胚芽精米ご飯……220g

■応用献立例の3パターン■ 主食＝胚芽精米ご飯110g・184kcal

	主菜	副菜①	副菜②	デザート
I 473kcal	ホタテ貝柱のうすくず煮 146kcal	ピーマンの焼き浸し 22kcal	なすとさやいんげんの煮物 (70) 33kcal	抹茶ババロア (121) 88kcal
II 460kcal	ホタテ貝柱のうすくず煮 146kcal	春菊と納豆のあえ物 (34) 48kcal	里芋とひじきの煮物 82kcal	
III 442kcal	くずし豆腐の鉢蒸し (90) 154kcal	ピーマンの焼き浸し 22kcal	里芋とひじきの煮物 82kcal	

C
B
D
A

9 豚肉の酢煮献立

Ⓐ豚肉の酢煮Ⓑじゃが芋と干ししいたけの煮物Ⓒピーマンとツナのあえ物Ⓓ胚芽精米ご飯

452kcal

しゃぶしゃぶ用の肉は調理するとかさが増えるので少量でも見た目はたっぷり。エネルギーをおさえたいときには重宝な食材です。

作り方

A豚肉の酢煮

❶ごぼうはたわしでよく洗い、ささがきにして水にさらし、10分ほどおいてアクを抜く。ざるにあげて水けをよくきる。

❷なべにaを入れて煮立て、ごぼうを入れる。再び煮立ったら豚肉を加え、手早くほぐして混ぜ、肉に火が通るまで煮る。

Bじゃが芋と干ししいたけの煮物

❶じゃが芋は皮をむいて一口大に切り、水にさらす。

❷干ししいたけはぬるま湯に浸して充分にもどし、汁けを軽く絞り、軸を除いて薄切りにする。

❸なべにaとじゃが芋としいたけを入れて火にかけ、煮立ったら弱火にし、落としぶたをして14～15分煮る。煮汁がほとんどなくなり、じゃが芋がやわらかくなったらでき上がり。

Cピーマンとツナのあえ物

❶ピーマンはへたと種を除いて短冊切りにし、沸騰湯に入れてさっとゆで、ざるにあげてさます。

❷ツナは汁けをよくきる。

❸ピーマンとツナを合わせて塩とこしょうで調味し、器に盛る。

酢は料理の隠し味

酢を酢の物やすし飯、サラダのドレッシング以外の料理に利用していますか。

酢は加熱すると酸味がやわらいで料理にこくとまろやかさをプラスします。また、肉料理や油っこい料理に隠し味程度に加えるとさっぱりとした味わいになります。

意外なようですが、酢は煮物やいため物、焼き物に合いますので、どんどん料理に利用しましょう。

■材料（2人分）■

Ⓐ豚肉の酢煮

豚もも肉（脂身なし、しゃぶしゃぶ用）……160g
ごぼう……40g
a
- だし……大さじ2
- しょうゆ……大さじ1⅓
- 酢……大さじ2

Ⓑじゃが芋と干ししいたけの煮物

じゃが芋……160g
干ししいたけ……8枚(16g)
a
- だし……¾カップ
- しょうゆ……小さじ2
- 砂糖……小さじ1

Ⓒピーマンとツナのあえ物

ピーマン……100g
ツナ水煮缶詰め……70g
塩……ミニスプーン⅔
こしょう……少量

Ⓓ胚芽精米ご飯……220g

■応用献立例の3パターン■　主食＝胚芽精米ご飯110g・184kcal

	主菜	副菜①	副菜②	
I 433kcal	豚肉の酢煮 144kcal	じゃが芋と干ししいたけの煮物 88kcal	小松菜のお浸し 12 17kcal	
II 434kcal	豚肉の酢煮 144kcal	さつま芋の煮物 54 70kcal	ピーマンとツナのあえ物 36kcal	
III 432kcal	サケのレモン蒸し 38 124kcal	じゃが芋と干ししいたけの煮物 88kcal	ピーマンとツナのあえ物 36kcal	

C
D
B
A

具だくさんの汁物

汁物は具に野菜やきのこや芋をたっぷりと入れると汁の量が減って減塩になります。そして、汁物は野菜を食べる料理にしましょう。

キャベツといんげんのすまし汁

21 kcal

キャベツの甘味が引き立つさっぱりとした塩味の汁物です。

●材料(2人分)

キャベツ……100g
さやいんげん……40g
だし……1 2/5カップ
塩……小さじ1/3

●作り方

❶キャベツは一口大のざく切りにし、さやいんげんは筋を除いて2～3cm長さに切る。
❷なべにだしを入れて煮立て、キャベツとさやいんげんを入れて煮る。やわらかくなったら塩で調味し、火を消す。

レタスとえのきたけの牛乳入りみそ汁

62 kcal

「みそ汁に牛乳なんて……」といわずにぜひ作ってみてください。

●材料(2人分)

レタス……60g
えのきたけ……80g
だし……1カップ
牛乳……1/2カップ
こしょう……少量
赤みそ……小さじ2

●作り方

❶レタスは手で一口大にちぎり、えのきたけは根元を除いてほぐす。
❷なべにだしを入れて煮立て、レタスとえのきたけを入れる。火が通ったら牛乳を加えてこしょうをふり、みそをとき入れ、煮立つ直前に火を消す。

さつま芋とねぎと貝割れ菜のみそ汁

83 kcal

さつま芋は小さく切るのですぐ煮えます。忙しい朝食にもどうぞ。

●材料(2人分)

さつま芋……60g
ねぎ……160g
貝割れ菜……1パック(50g)
だし……1 2/5カップ
みそ(淡色)……小さじ2

●作り方

❶さつま芋は皮つきのまま3cm長さの棒状に切り、水にさらす。ねぎは斜めに切り、貝割れ菜は根元を切り除く。

❷なべにだしを入れて煮立て、さつま芋を入れて煮る。火が通ったらねぎと貝割れ菜を加えてひと煮し、みそをとき入れて火を消す。

まいたけとじゃことパセリの汁物

30 kcal

ちりめんじゃこからうま味が出るので水で作ってもだいじょうぶ。

●材料(2人分)

まいたけ……………………80g
ちりめんじゃこ……………16g
パセリ………………………20g
だし…………………………1 2/5カップ
塩……………………………小さじ1/5

●作り方

❶まいたけは食べやすい大きさに手で裂き、パセリは軸を除く。
❷なべにだしを入れて煮立て、まいたけとパセリとちりめんじゃこを入れて煮る。まいたけに火が通ったら塩で調味し、火を消す。

小松菜と糸こんにゃくのすまし汁

18 kcal

しょうがのぴりっとした味がアクセントの汁物です。

●材料(2人分)

小松菜………………………100g
糸こんにゃく………………60g
だし…………………………1 2/5カップ
しょうゆ……………………小さじ2
しょうが……………………4g

●作り方

❶小松菜は3cm長さに切る。糸こんにゃくはざく切りにして下ゆでする。
❷しょうがはごく細いせん切りにして水にさらし、ふきんにとって水けをふく。
❸なべにだしを入れて煮立て、小松菜とこんにゃくを入れて煮る。小松菜に火が通ったらしょうゆで調味し、火を消す。
❹わんに盛り、しょうがのせん切りを天盛りにする。

もやしと
あさつきのすまし汁

25 kcal

もやしが1人分100gとたっぷり入っています。

●材料(2人分)

もやし……200g
あさつき……10g
だし……1 2/5カップ
しょうゆ……小さじ2

●作り方

❶もやしは根を除き、あさつきは2～3cm長さに切る。

❷なべにだしを入れて煮立て、もやしを入れて煮る。火が通ったらしょうゆで調味し、あさつきを加えてひと煮し、火を消す。

10 鶏肉の網焼き　薬味おろしかけ献立……475kcal

Ⓐ鶏肉の網焼き　薬味おろしかけⒷ三つ葉とかまぼこのあえ物Ⓒ凍り豆腐とブロッコリーの煮物Ⓓ胚芽精米ご飯

料理に油を使うとどうしてもエネルギーが上がります。夕食は軽めが好ましいので、肉は網焼きにしてさっぱりといただきましょう。

作り方

A鶏肉の網焼き　薬味おろしかけ

❶鶏肉は塩と酒をまぶし、10分ほどおいて下味をつける。

❷焼き網を充分に熱して鶏肉の汁けをふいてのせ、画面をこんがりと焼き目がつく程度に焼いて肉全体に火を通し、食べやすい一口大の大きさに切り分ける。

❸大根はすりおろしてざるにのせ、自然に汁けをきる。しそはみじん切りにし、しょうがはすりおろす。以上全部を食べる直前に合わせ、酢で調味する。

❹皿に肉を盛り、③の薬味おろしをかける。

B三つ葉とかまぼこのあえ物

❶三つ葉は沸騰湯にくぐらせる程度にさっとゆで、水にとって手早くさまし、水けを絞って根を切り除いて3～4cm長さに切る。

❷かまぼこは細切りにする。

❸だしとしょうゆを合わせて三つ葉とかまぼこをあえ、器に盛る。

C凍り豆腐とブロッコリーの煮物

❶凍り豆腐はたっぷりのぬるま湯につけてもどし、水の中で押し洗いをし、手のひらではさむようにして水けを絞って一口大にちぎる。

❷ブロッコリーは小房に分け、沸騰湯に入れてゆで、ざるにあげてさます。

❸なべにaを入れて煮立て、凍り豆腐を入れ、ときどき混ぜながら中火で7～8分煮て味を含ませる。ここにブロッコリーを加えてひと煮し、火を消す。

日本の保存食
凍り豆腐

凍り豆腐は、豆腐を凍結させて冷蔵室で2～3週間熟成させ、解凍、乾燥させたものです。古くは寒気を利用して作られていました。最近の製品はもどす時間がかからないので手軽に料理に使えます。

栄養的には鉄分やカルシウムの有効な供給源です。1人分16gとすると、1食で鉄分を1.1mg、カルシウムを106mgとることができます。

■材料（2人分）■

Ⓐ鶏肉の網焼き　薬味おろしかけ
- 鶏もも肉（皮なし）……200g
- 塩……小さじ1/5
- 酒……小さじ2
- 大根……200g
- 青じそ……4枚（4g）
- しょうが……6g
- 酢……大さじ2

Ⓑ三つ葉とかまぼこのあえ物
- 糸三つ葉……60g
- かまぼこ……40g
- だし……大さじ1 1/3
- しょうゆ……小さじ1

Ⓒ凍り豆腐とブロッコリーの煮物
- 凍り豆腐……2枚（32g）
- ブロッコリー……100g
- a だし……1 1/4カップ
- a しょうゆ……小さじ1
- a 塩……小さじ1/3
- a みりん……小さじ2

Ⓓ胚芽精米ご飯……220g

■応用献立例の3パターン■　主食＝胚芽精米ご飯110g・184kcal

	主菜	副菜①	副菜②	汁物
Ⅰ 462kcal	鶏肉の網焼き 薬味おろしかけ 144kcal	三つ葉とかまぼこのあえ物 25kcal	じゃが芋とひき肉のきんぴら風 68 109kcal	
Ⅱ 486kcal	鶏肉の網焼き 薬味おろしかけ 144kcal		凍り豆腐とブロッコリーの煮物 122kcal	さやえんどうとサクラエビのみそ汁 20 36kcal
Ⅲ 467kcal	豚肉の野菜巻き焼き 56 136kcal	三つ葉とかまぼこのあえ物 25kcal	凍り豆腐とブロッコリーの煮物 122kcal	

D
C
B
A

11 牛肉とさやいんげんのしょうゆ煮献立……411kcal

Ⓐ牛肉とさやいんげんのしょうゆ煮Ⓑセロリと油揚げの梅肉煮Ⓒほうれん草としめじのゆず香あえⒹ胚芽精米ご飯

主菜が肉や油を使ったこってりとした料理のときは、副菜には酸味のある料理を組み合わせると味のバランスがとれます。

作り方

A牛肉とさやいんげんのしょうゆ煮

❶牛肉は一口大に切る。

❷さやいんげんは筋を除いて食べやすい長さに切る。

❸なべにaを入れて煮立て、さやいんげんを入れてふたをし、ときどき混ぜながら中火で7～8分煮る。いんげんがくったりとなったら強火にして煮汁を煮立て、牛肉を加えて素早くほぐし、混ぜながら煮汁をからめるように煮上げる。汁けがほとんどなくなればよい。

Bセロリと油揚げの梅肉煮

❶セロリは筋を除いて長めの乱切りにする。

❷油揚げは細切りにし、さっとゆでて油抜きし、汁けをよく絞る。

❸なべにだしを入れて梅干しを小さくちぎって入れ、火にかける。セロリと油揚げを加え、煮立ってきたら火を弱め、混ぜながら4～5分煮る。セロリが透き通った感じになればでき上がり。

Cほうれん草としめじのゆず香あえ

❶ほうれん草はたっぷりの沸騰湯に入れてゆで、冷水にとって水をかえながら手早くさます。水けを絞って3㎝長さに切る。

❷しめじは石づきを除いて手でほぐし、大きいものは縦半分に切り、アルミ箔にのせて酒をふり、ぴったり包む。火にかけた焼き網にのせ、中火で5～6分蒸し焼きにする。

❸aを合わせてほうれん草としめじをあえ、器に盛ってゆずの皮のすりおろしを散らす。

牛肉の部位別・脂身有無別エネルギー

●牛肉100gのエネルギー

もも（脂身つき）……209kcal
もも（脂身なし）……181kcal
肩（脂身つき）……257kcal
肩（脂身なし）……217kcal
サーロイン（脂身つき）……334kcal
サーロイン（脂身なし）……270kcal
肩ロース（脂身つき）……318kcal
肩ロース（脂身なし）……308kcal
バラ（脂身つき）……454kcal
ヒレ……185kcal

■材料（2人分）■

Ⓐ牛肉とさやいんげんのしょうゆ煮

牛もも肉（脂身なし、しゃぶしゃぶ用）……160g
さやいんげん……100g
a だし……½カップ
a しょうゆ……小さじ2
a 砂糖……小さじ1⅓

Ⓑセロリと油揚げの梅肉煮

セロリ……200g
油揚げ……⅓枚（10g）
だし……1カップ
梅干し（種を除く）……大さじ1（16g）

Ⓒほうれん草としめじのゆず香あえ

ほうれん草……100g
本しめじ……80g
酒……小さじ2
a だし……大さじ1
a しょうゆ……小さじ1⅓
a みりん……小さじ1⅓
ゆず皮……少量

Ⓓ胚芽精米ご飯……220g

■応用献立例の3パターン■　主食＝胚芽精米ご飯110g・184kcal

	主菜	副菜①	副菜②・汁物	デザート
Ⅰ 493kcal	牛肉とさやいんげんのしょうゆ煮 171kcal	セロリと油揚げの梅肉煮 21kcal	にらのからしじょうゆかけ 32 25kcal	黒糖かん 121 92kcal
Ⅱ 493kcal	牛肉とさやいんげんのしょうゆ煮 171kcal	ほうれん草としめじのゆず香あえ 35kcal	じゃが芋とわかめのみそ汁 18 58kcal	大根のはちみつかんてん寄せ 122 45kcal
Ⅲ 408kcal	豚肉とキャベツの重ね蒸し 110 168kcal	セロリと油揚げの梅肉煮 21kcal	ほうれん草としめじのゆず香あえ 35kcal	

C
B
D
A

12 ささ身のねぎみそはさみ焼き献立……406kcal

Ⓐささ身のねぎみそはさみ焼きⒷキャベツとちくわの酢の物Ⓒこんぶとごぼうのいり煮Ⓓ胚芽精米ご飯

こんぶやわかめ、ひじきなど海藻類は、ミネラル類や食物繊維が多い食品です。ローエネルギー食品でもあるので積極的に食卓にとり入れましょう。

■材料(2人分)■

Ⓐささ身のねぎみそはさみ焼き

- 鶏ささ身……160g
- ねぎ……10g
- 赤みそ……小さじ1
- 酒……小さじ4/5
- ピーマン……40g

Ⓑキャベツとちくわの酢の物

- キャベツ……150g
- ちくわ……60g
- a 酢……大さじ1 1/3
- a 塩……小さじ1/5
- a 砂糖……小さじ1 1/3

Ⓒこんぶとごぼうのいり煮

- 切りこんぶ(生)……40g
- ごぼう……60g
- しょうが……4g
- ごま油……小さじ1
- a だし……大さじ4
- a 酒……小さじ2
- a 塩……小さじ1/5
- a しょうゆ……小さじ1
- a みりん……小さじ1

Ⓓ胚芽精米ご飯……220g

作り方

Aささ身のねぎみそはさみ焼き

❶ささ身は筋を除き、まな板に置く。肉の中央に縦に1本切り込みを入れ、そこから両側の肉の厚みに包丁を入れ、平らに開く(観音開き)。

❷ねぎはみじん切りにし、みそと酒を加えてよく混ぜる。

❸ささ身の上面に②のねぎみそを塗り、ねぎみそが内側になるように長さを半分に折りたたむ。

❹ピーマンは縦半分に切ってへたと種を除く。

❺オーブンを220～230度に熱してささ身とピーマンを入れ、こんがりと焼き目がつくまで7～8分焼く。

❻ピーマンを乱切りにし、肉と盛り合わせる。

Bキャベツとちくわの酢の物

❶キャベツは大きいまま沸騰湯に入れてゆで、ざるにあげてさます。1.5cm幅に切って水けを絞る。

❷ちくわは縦半分に切り、斜めに薄く切る。

❸aを合わせてキャベツとちくわをあえ、器に盛る。

Cこんぶとごぼうのいり煮

❶こんぶは食べやすい長さにざく切りにする。

❷ごぼうはたわしで洗い、斜めに薄く切り、水にさらして10分ほどおき、アク抜きする。ざるにあげて水けをきる。

❸しょうがはせん切りにする。

❹なべにごま油を熱してこんぶ、ごぼう、しょうがをいため、全体に油がなじんだらaを加え、汁けがなくなるまでいり煮にする。

調理法でカットできるエネルギー――鶏肉

摂取エネルギーをおさえるためには鶏肉は皮なしをおすすめしますが、皮つきでも調理しだいでエネルギーをカットできます。

●皮つき鶏肉の調理別のカットされるエネルギー量

- 煮る・水たき（肉のみ食べた場合）……49%
- 蒸す（酒蒸し）……20%
- 網焼き（焼きとり）……59%
- 焼く（ローストチキン）…33%

■応用献立例の3パターン■ 主食＝胚芽精米ご飯110g・184kcal

	主菜	副菜①	副菜②・汁物	デザート
Ⅰ 480kcal	ささ身のねぎみそはさみ焼き 97kcal	キャベツとちくわの酢の物 64kcal	まいたけとじゃことパセリの汁物 102 30kcal	くず寄せ白玉 123 105kcal
Ⅱ 489kcal	ささ身のねぎみそはさみ焼き 97kcal	さやえんどうの卵あえ 56 51kcal	こんぶとごぼうのいり煮 61kcal	かぼちゃの茶きん絞りチーズ入り 123 96kcal
Ⅲ 464kcal	牛肉のしぐれ煮 44 155kcal	キャベツとちくわの酢の物 64kcal	こんぶとごぼうのいり煮 61kcal	

C
B
D
A

13 豚肉とキャベツの重ね蒸し献立 460kcal

Ⓐ豚肉とキャベツの重ね蒸し Ⓑトマトとささ身の甘酢あえ Ⓒもやしとのりのいり煮 Ⓓ胚芽精米ご飯

キャベツや白菜といったかさばる野菜は、蒸したり煮たりすると驚くほどかさが減ってたくさんの量を食べることができます。

また、甘酢はノンオイルドレッシングとして生野菜やゆで野菜にどうぞ。

作り方

A豚肉とキャベツの重ね蒸し

❶豚肉は一口大に切る。キャベツは7～8cm角のざく切りにする。

❷ねぎは斜めに薄く切り、にんじんとしょうがはせん切りにする。

❸キャベツは4等分し、肉と②は3等分する。

❹器にキャベツの¼量、肉と②の⅓量を順に重ね入れて3回くり返し、最後に残りのキャベツをのせて酒をふる。蒸気が上がった蒸し器に入れ、キャベツがくたっとするまで強火で約10分蒸す。

❺④の器の底の蒸し汁大さじ1⅓にしょうゆと酢を混ぜる。

❻④を食べやすい大きさに切り分けて浅鉢に盛り、食べるときに⑤をかける。

Bトマトとささ身の甘酢あえ

❶トマトは沸騰湯に入れてころがし、皮が破れたら穴じゃくしですくい上げて水にとり、手で皮をむく(湯むき)。へたを除き、横半分に切って種をとり除き、2cm角のざく切りにする。

❷ささ身は筋を除いてなべに入れ、塩と酒をふり、水少量を加えてふたをして中火にかけ、蒸し煮にする。そのままさめるまでおき、手で食べやすい大きさに裂く。

❸aを合わせてトマトとささ身をあえ、器に盛る。

Cもやしとのりのいり煮

❶もやしは根を除く。のりは小さくちぎり、しょうがはせん切りにする。

❷なべにもやしを入れて酒と塩をふり、中火にかけていりつける。火が通ったらのりとしょうがを加え混ぜ、全体がなじんだら火を消す。

■材料(2人分)■

Ⓐ豚肉とキャベツの重ね蒸し

豚もも薄切り肉（脂身なし）……160g
キャベツ……200g
ねぎ……20g
にんじん……40g
しょうが……4g
酒……大さじ1⅓
｛蒸し汁……大さじ1⅓
　しょうゆ……小さじ2
　酢……小さじ2

Ⓑトマトとささ身の甘酢あえ

トマト……300g
｛鶏ささ身……100g
　塩……少量
　酒……小さじ2
a｛酢……大さじ1⅓
　塩……小さじ¼
　砂糖……小さじ⅔

Ⓒもやしとのりのいり煮

もやし……100g
焼きのり……⅓枚(1g)
しょうが……4g
酒……小さじ2
塩……小さじ¼

Ⓓ胚芽精米ご飯……220g

■応用献立例の3パターン■　主食＝胚芽精米ご飯110g・184kcal

	主菜	副菜①	副菜②・汁物	
Ⅰ 483kcal	豚肉とキャベツの重ね蒸し 168kcal	トマトとささ身の甘酢あえ 93kcal	焼きしいたけと焼きアスパラのみそ汁 40 38kcal	
Ⅱ 499kcal	豚肉とキャベツの重ね蒸し 168kcal	ゆで卵のサラダ 44 132kcal	もやしとのりのいり煮 15kcal	
Ⅲ 446kcal	アジのたたき焼き 82 154kcal	トマトとささ身の甘酢あえ 93kcal	もやしとのりのいり煮 15kcal	

C
B
D
A

14 ゆで豚のオクラソースかけ献立 471kcal

Ⓐゆで豚のオクラソースかけⒷたたききゅうりとアジの干物のあえ物Ⓒ玉ねぎとかぼちゃの煮物Ⓓ胚芽精米ご飯

オクラソースは、ゆで豚以外に蒸し鶏や牛肉のたたきなどにも相性抜群です。さっぱりとした味わいとともに満足感が得られます。

作り方

Aゆで豚のオクラソースかけ

❶豚肉は酒と塩をふり混ぜて下味をつける。

❷ボールに氷水を用意する。

❸沸騰湯に肉を少しずつ入れ、菜箸でほぐして手早く火を通し、氷水にとってさます。ざるにあげて水けをよくきる。

❹オクラは色よくゆで、薄い小口切りにする。ねぎはみじん切りにする。以上にだし、しょうゆ、みりんを加えてよく混ぜる（オクラソース）。

❺器に肉を盛ってオクラソースをかける。

Bたたききゅうりとアジの干物のあえ物

❶きゅうりは縦にしま目に皮をむき、すりこ木などでたたいて割れ目を入れ、手で一口大に割りほぐす。

❷干物はこんがりと焼いて皮と骨をとり除き、身をほぐす。

❸酢とみりんを合わせ、きゅうりとアジをあえて器に盛る。

C玉ねぎとかぼちゃの煮物

❶玉ねぎは7～8㎜幅のくし形に切る。かぼちゃは種とわたを除き、1㎝厚さのくし形に切り、長さを半分に切る。

❷なべにaと①を入れてふたをし、中火にかける。ときどき混ぜ、かぼちゃがやわらかくなるまで7～8分煮る。

調理法でカットできるエネルギー――豚肉

豚肉は、ゆでたり焼いたりすると余分な脂が除かれます。

●脂身つき豚肉の調理別のカットされるエネルギー量

ゆでる（ももかたまり）…26％
ゆでる（ロースかたまり）28％
ゆでる（もも薄切り）……23％
ゆでる（ロース薄切り）…9％
網焼き（もも厚切り）……2％
網焼き（ロース厚切り）…25％
網焼き（もも薄切り）……41％
網焼き（ロース薄切り）…23％

■材料（2人分）■

Ⓐゆで豚のオクラソースかけ

- 豚もも肉（脂身なし、しゃぶしゃぶ用）……160g
- 酒……小さじ2
- 塩……ミニスプーン4/5
- オクラ……8本（80g）
- ねぎ……10g
- だし……大さじ2
- しょうゆ……小さじ2
- みりん……小さじ1

Ⓑたたききゅうりとアジの干物のあえ物

- きゅうり……1本（100g）
- アジの干物……60g
- 酢……大さじ1弱
- みりん……小さじ1/3

Ⓒ玉ねぎとかぼちゃの煮物

- 玉ねぎ……100g
- かぼちゃ……100g
- a だし……1/2カップ
- a 酒……大さじ1 1/3
- a 塩……小さじ1/5
- a しょうゆ……小さじ1

Ⓓ胚芽精米ご飯……220g

■応用献立例の3パターン■　主食＝胚芽精米ご飯110g・184kcal

	主菜	副菜①	副菜②	
I 506kcal	ゆで豚のオクラソースかけ 146kcal	たたききゅうりとアジの干物のあえ物 61kcal	いんげん豆とかぼちゃのシロップ煮 62 115kcal	
II 468kcal	ゆで豚のオクラソースかけ 146kcal	にんじんと貝割れ菜のチーズあえ 24 58kcal	玉ねぎとかぼちゃの煮物 80kcal	
III 499kcal	和風ロールキャベツ 118 174kcal	たたききゅうりとアジの干物のあえ物 61kcal	玉ねぎとかぼちゃの煮物 80kcal	

C
B
D
A

鶏肉のからし酢かけ献立 ……397kcal

Ⓐ鶏肉のからし酢かけⒷ大根とじゃこのいり煮Ⓒにらとこんにゃくのあえ物Ⓓ胚芽精米ご飯

肉を一口大に切ることで盛りつけたときにひとかたまりの肉よりも見た目がよく、かさも多く見えます。それに食べやすいのがなにより。

作り方

A鶏肉のからし酢かけ

❶鶏肉は食べやすい大きさのそぎ切りにし、塩と酒をまぶして下味をつける。

❷aを混ぜ合わせて練りがらしをといておく。

❸フッ素樹脂加工のフライパンにサラダ油を熱して鶏肉の両面にこんがりと焼き色をつける。酒をふって弱火にし、ふたをして7～8分蒸し焼きにし、火を通す。

❹③に②を加え、強火にして肉に汁をからめる。

❺器に盛り、あさつきの小口切りを散らす。

B大根とじゃこのいり煮

❶大根は1cm角に切る。

❷なべに大根、ちりめんじゃこ、だし、酒、しょうゆを入れて粉ざんしょうをふり、中火にかける。混ぜながら、大根が透き通って汁けがなくなるまで煮る。

Cにらとこんにゃくのあえ物

❶にらは沸騰湯に入れてゆで、冷水にとって水をかえながら手早くさます。水けを絞って3～4cm長さに切る。

❷こんにゃくは短冊切りにしてゆでする。

❸aを混ぜ合わせてにらとこんにゃくをほぐしながらあえ、小皿に盛る。

■材料(2人分)■

Ⓐ鶏肉のからし酢かけ

鶏胸肉(皮なし)……200g
塩……ミニスプーン2/5
酒……小さじ2
サラダ油……小さじ1
酒……小さじ2
a 酢……大さじ2
a しょうゆ……大さじ1
a 砂糖……小さじ1
a 練りがらし……少量
あさつきの小口切り…小さじ1

Ⓑ大根とじゃこのいり煮

大根……160g
ちりめんじゃこ……10g
だし……1/2カップ
酒……小さじ2
しょうゆ……小さじ1
粉ざんしょう……少量

Ⓒにらとこんにゃくのあえ物

にら……100g
こんにゃく……60g
a いり白ごま……小さじ1 1/3
a だし……大さじ1 1/3
a 塩……ミニスプーン4/5
a 砂糖……小さじ1/2

Ⓓ胚芽精米ご飯……220g

うま味の出る食材

●食品100g中の食塩量

シラス干し……4.1g
サクラエビ(煮干し)……8.6g
干しエビ……3.8g
ホタテ貝柱(煮干し)……6.4g
ベーコン……2.0g
ロースハム……2.5g

これらの食材は、食塩とともにうま味も多く含んでいるのでだしいらずで調理できます。調味する塩味はそれぞれ使う食材の量や食塩量を考慮して加減してください。

■応用献立例の3パターン■ 主食=胚芽精米ご飯110g・184kcal

	主菜	副菜①・汁物	副菜②	
I 404kcal	鶏肉のからし酢かけ 152kcal	大根とじゃこのいり煮 33kcal	ほうれん草としめじのゆず香あえ 106 35kcal	
II 426kcal	鶏肉のからし酢かけ 152kcal	レタスとえのきたけの牛乳入りみそ汁 100 62kcal	にらとこんにゃくのあえ物 28kcal	
III 424kcal	麩と卵のいため煮 34 179kcal	大根とじゃこのいり煮 33kcal	にらとこんにゃくのあえ物 28kcal	

C
B
D
A

エネルギーほどほどの主菜

主菜のエネルギーをおさえると１献立のエネルギー量はぐっと低くなります。油を使わずに調理したり、肉は脂肪の少ない部位を、魚は低脂肪の白身魚や貝などの魚介類を利用したりしましょう。

アサリとにらの茶わん蒸し

67 kcal

口に入れるとアサリのうま味が全体に広がります。

●材料(2人分)

- アサリ(むき身)……100g
- にら……50g
- しょうが……2g
- a
  - だし……1カップ
  - 塩……小さじ1/5
  - しょうゆ……小さじ2/3
  - 砂糖……小さじ2/3
- 卵……1個

●作り方

❶アサリは小さなざるに入れて水の中でふり洗いをし、水けをよくきる。なべに入れ、混ぜながら軽く火を通す。

❷にらは１cm長さに切り、しょうがはみじん切りにする。

❸なべにａを入れて火にかけ、少し温める。

❹卵をときほぐして③を加え混ぜ、こす。

❺蒸し茶わんに①と②を入れ、④の卵液を流し入れる。

❻蒸気の上がった蒸し器に入れ、表面が白っぽくなるまで強火で２分蒸し、弱火にして12～13分蒸す。竹串を刺してみて、濁った汁が出なければでき上がり。

イカと長芋の煮物

149 kcal

イカと芋は好相性。長芋のシャキシャキ感がイカと合います。

●材料(2人分)

- イカの胴……160g
- 長芋……200g
- a
  - だし……3/4カップ
  - 酒……小さじ2
  - 砂糖……小さじ2/3
  - しょうゆ……小さじ1 1/3
- 青のり……少量

●作り方

❶イカは皮をむいて１cm厚さの輪切りにする。

❷長芋は皮をむいて１cm厚さの輪切りにし、酢水に10分ほどさらしてアクを抜く。水洗いしてぬめりを落とし、水けをきる。

❸なべにａを入れて煮立て、長芋を入れてふたをし、火が通るまで５～６分煮る。イカを加え、混ぜながら火が通るまで煮る。

❹器に盛って青のりを散らす。

豚肉とこんにゃくの煮物

113kcal

こんにゃくなどの低エネルギー食品は料理に満足度をプラスします。

●材料(2人分)

豚ヒレかたまり肉……160g
こんにゃく……140g
セロリ……100g
a
だし……3/4カップ
しょうゆ……大さじ1/2
砂糖……小さじ2/3

●作り方

❶豚肉は5～6㎜厚さにそぎ切りにする。こんにゃくはスプーンで一口大にかきとり、下ゆでする。セロリは筋を除いて乱切りにする。

❷なべにaを入れて煮立て、こんにゃくとセロリを入れ、弱めの火で4～5分煮て味をなじませる。火を強くして豚肉を加え、混ぜながら肉に火が通るまで煮る。

牛肉の串焼き

216 kcal

肉は油なしで焼くとさっぱりと食べられます。

●材料(2人分)

牛もも薄切り肉(脂身なし)……200g

a しょうゆ……小さじ2⅔
a 酒……大さじ1
a しょうが汁……小さじ⅘

ミニトマト……100g

ししとうがらし……8本(40g)

●作り方

❶牛肉は食べやすい大きさに切り、竹串8～10本で縫うように刺し、aをからめる。

❷ししとうがらしは縦に1本ずつ短い切り込みを入れる。

❸フッ素樹脂加工のフライパンを熱し、ミニトマトとししとうがらしをいため、皿に盛る。同じフライパンで①の肉をこんがりと焼き、野菜と盛り合わせる。

和風ロールキャベツ

174 kcal

ひき肉はけっこうエネルギーが高い素材なので薄切り肉を使います。

●材料(2人分)

豚もも薄切り肉(脂身なし)……160g
塩……ミニスプーン⅘
卵……½個

キャベツ……160g

にんじん……40g

しめじ……80g

a だし……¾カップ
a 塩……小さじ⅕
a しょうゆ……小さじ⅔

青じそ……6枚

●作り方

❶豚肉は一口大に切り、塩と卵をからめる。

❷キャベツは大きいままゆでてざるにあげる。

❸にんじんは5～6㎜厚さの半月切りにし、しめじは石づきを除いてざっとほぐす。

❹キャベツを1枚ずつ広げて①の肉をしっかりと包み、包み終わりを下にして小さめのなべに並べ入れる。すき間ができないように間ににんじんを入れ、aを加えて落としぶたをし、火にかける。煮立ったら弱火にしてことこと12～13分煮、しめじを加えてひと煮する。

❺器にしそを敷いてロールキャベツを盛り、にんじんとしめじを添える。

鶏ひき肉のつくね煮

139 kcal

つくねに豆腐を加えるとボリューム感が増します。

●材料(2人分)

鶏胸ひき肉(皮なし)……100g
もめん豆腐……$\frac{1}{2}$丁(150g)
ひじき(乾)……4g
白菜……100g
ブロッコリー……40g
a
だし……$\frac{1}{2}$カップ
酒……小さじ2
砂糖……小さじ$\frac{2}{3}$
しょうゆ……小さじ1$\frac{1}{3}$

●作り方

❶豆腐はざっとくずしてざるにのせ、15～20分おいて水きりをする。ひじきはたっぷりの水でもどし、さっと水洗いし、ざるにあげて水けをきる。

❷ひき肉と①を合わせて手でよく練り混ぜ、6等分して小判形にまとめる。

❸白菜は一口大に切り、ブロッコリーは小房に分けて下ゆでする。

❹フッ素樹脂加工のフライパンを熱し、②のつくねを入れて両面にこんがりと焼き色をつける。aを加えて白菜をのせ、ふたをして中火で7～8分蒸し煮にする。白菜がくったりとなったら強火にしてブロッコリーを加え、煮汁を少し煮つめ、汁を全体にからめる。

和風デザート

エネルギー制限のために甘いものをすべてシャットアウトしてしまうのはつらいし、ストレスになります。ほかの献立とのバランスをとればデザートもOKです。

1 グレープフルーツのカラメル煮

57kcal

ラム酒入りのカラメルのほろ苦さが大人の味です。

●材料(2人分)

グレープフルーツ……200g
水……½カップ
砂糖……小さじ2
ラム酒……小さじ1強
ミントの葉……適量

●作り方

❶グレープフルーツは形をくずさないように注意していねいに薄皮をむく。
❷なべにグレープフルーツ、分量の水、砂糖、ラム酒を入れて中火にかけ、なべを揺すりながら、砂糖が少し焦げてカラメル色になるまで煮る。
❸あら熱をとり、冷蔵庫に入れて冷たく冷やす。
❹器に盛ってミントの葉をのせる。

2 抹茶ババロア

88 kcal

抹茶の風味は大人にも子供にも喜ばれます。

●材料(2人分)

牛乳……130g
粉ゼラチン……小さじ1(3.2g)
冷水……大さじ1 1/3
抹茶……小さじ1/2
砂糖……大さじ1
卵黄……1/2個分(10g)

●作り方

❶ゼラチンは冷水にふり入れてざっと混ぜ、充分にふやかす。
❷抹茶と砂糖をよく混ぜ合わせる。
❸小なべに牛乳を入れて温め、①と②を加え、煮立てないように注意してゼラチンをとかす。
❹ボールに卵黄を入れてほぐし、③を少しずつ加えて泡立て器でよく混ぜる。
❺④のボールを氷水に浮かせ、静かに混ぜながらとろみがつくまでさます。
❻ゼリー型2個を水でぬらして⑤を等分に流し入れ、冷蔵庫で冷やし固める。

3 黒糖かん

92 kcal

黒糖は、上白糖にはないミネラル類が含まれています。

●材料(2人分)

黒砂糖……50g
かんてん……1/3本
水……3/4カップ
しょうが汁……小さじ1

●作り方

❶黒砂糖は細かく刻む。
❷かんてんはたっぷりの水の中でよくもみ洗いし、水けを絞って細かくちぎり、小なべに入れる。分量の水を加えて30分以上おき、充分にふやかす。
❸②を弱火にかけ、ときどき混ぜながら煮とかす。完全にとけたら強火にしてぐらぐらと煮立て、黒砂糖を加えてとかし、しょうが汁を混ぜ、あら熱をとる。
❹水でぬらした型にこし入れ、冷蔵庫で冷やし固める。
❺スプーンで一口大にすくって器2個に盛る。

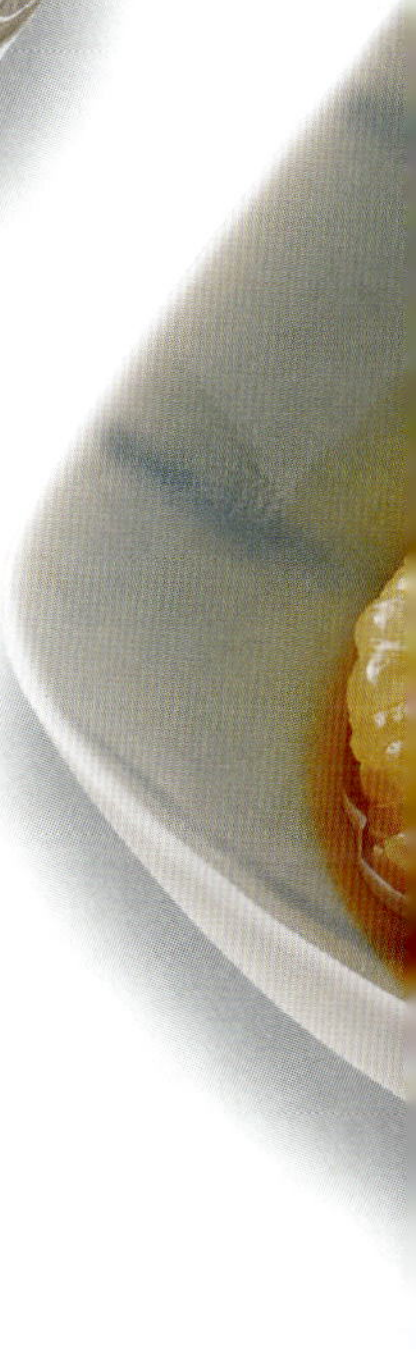

4 大根のはちみつかんてん寄せ

45kcal

食べてみると不思議なおいしさ。

●材料(2人分)

大根……120g
かんてん……1/3本
水……1/2カップ
はちみつ……大さじ1弱
レモン汁……大さじ1 1/3

●作り方

❶かんてんはたっぷりの水の中でよくもみ洗いし、水けを絞って細かくちぎり、小なべに入れる。分量の水を加えて30分以上おき、充分にふやかす。
❷大根はすりおろす。
❸①を弱火にかけ、ときどき混ぜながら煮とかす。完全にとけたら強火にしてぐらぐらと煮立て、火を消してこす。
❹③にはちみつを加えてとかし、大根を汁ごと加えて手早く混ぜ、レモン汁も混ぜる。
❺水でぬらした型に流し入れ、冷やし固める。
❻切り分けて器に盛る。

5 くず寄せ白玉

105 kcal

白玉とフルーツをくず粉でとじてあるのでとろっとしたのどごし。

●材料(2人分)

- 白玉粉……20g
- 水……適量
- 干しあんず……20g
- キウイフルーツ……40g
- 水……80mℓ
- くず粉……4g
- 砂糖……大さじ1強
- しょうが汁……小さじ1
- レモン汁……小さじ2

●作り方

❶ボールに白玉粉を入れ、水を少しずつ加えながらなめらかな耳たぶくらいの生地にこねる。一口大の団子に丸めて平らに押し、沸騰湯でゆで、冷水にとってさます。

❷干しあんずは水少量を加えてやわらかく煮、さます。1cm角に切る。キウイフルーツも1cm角に切る。

❸小なべにくず粉と砂糖を入れ、分量の水を少しずつ加えながらなめらかにとく。中火にかけ、木べらでなべ底からしっかり混ぜながら、とろみがついて全体が透明な感じになるまで加熱する。

❹③のなべを氷水に浮かべて混ぜながら冷やし、しょうが汁とレモン汁を混ぜる。水けをきった白玉団子、あんず、キウイフルーツも混ぜる。

❺器2個に盛り分ける。

6 かぼちゃの茶きん絞り チーズ入り

96 kcal

かぼちゃは電子レンジで加熱できます。手軽に作ってみましょう。

●材料(2人分)

- かぼちゃ……100g
- カテージチーズ……60g
- 砂糖……小さじ2
- ラム酒……小さじ1
- シナモン……少量

●作り方

❶カテージチーズはスプーンの背ですりつぶしておく。

❷かぼちゃは種とわたを除き、皮つきのままやわらかく蒸す。またはラップに包んで電子レンジ(500W)で5~6分加熱する。

❸飾り用に皮の部分を小さく2かけらとり分け、残りは熱いうちによくつぶし、砂糖、カテージチーズ、ラム酒、シナモンを加えてよく混ぜる。

❹2等分してラップに包んで茶きんに絞り、そのままさめるまでおいて形をおちつかせる。

❺器に盛り、とり分けておいた皮の部分を上に飾る。

料理一覧 ―栄養成分値つき

●ここに掲載した数値は科学技術庁資源調査会編「五訂日本食品標準成分表」の数値に基づき、成分表に記載のない食品は女子栄養大学出版部刊「市販加工食品成分表」などに基づき計算したものです。
●料理は大きく主菜、副菜、汁物、主食、デザート・くだもの・牛乳に分け、さらに材料別に主菜は肉、魚介類、豆・豆製品、卵に分類しました。副菜は、野菜、芋、豆・豆製品、海藻・きのこ・こんにゃくに分類し、また野菜は献立が立てやすいように料理別に煮物、お浸し、あえ物、酢の物・サラダ・つけ物に分類しました。これらすべて項目別にページ順に並べてあります。
●栄養計算値は１人分です。

料理名	エネルギー kcal	たんぱく質 g	脂質 g	炭水化物 g	食物繊維 g	カルシウム mg	鉄 mg	ビタミンA（レチノール当量） µg	ビタミンB_1 mg	ビタミンB_2 mg	ビタミンC mg	ビタミンE mg	コレステロール mg	塩分 g	掲載ページ
主菜●肉															
ゆで豚とゆで野菜のサラダ風	102	13.0	3.3	4.9	2.0	27	0.9	41	0.53	0.20	46	1.0	33	1.0	27
豚肉とセロリのさっと煮	103	12.2	3.2	4.0	1.2	36	0.6	8	0.50	0.14	7	0.4	33	0.5	40
和風チャウダー	206	24.5	3.5	20.4	4.5	107	1.2	534	0.23	0.30	29	1.0	61	1.5	42
牛肉のしぐれ煮	155	15.4	6.9	4.3	0.4	40	1.6	105	0.08	0.19	9	0.6	47	1.0	44
鶏肉のマスタードつけ焼き	152	23.8	3.6	3.7	0.4	26	0.7	41	0.13	0.12	9	0.6	70	1.0	46
豚肉とこんにゃくの辛味いため	148	17.5	6.8	2.1	1.1	26	0.8	5	0.75	0.18	1	0.3	53	1.0	52
ささ身のわさび焼き	136	24.1	1.1	5.8	1.3	30	0.5	57	0.13	0.15	33	0.6	67	0.5	54
豚肉の野菜巻き焼き	136	17.5	4.8	4.4	1.2	17	0.7	422	0.77	0.20	4	0.4	53	1.1	56
和風クイックシチュー	224	21.7	9.1	14.2	3.7	90	1.0	584	0.85	0.38	12	0.9	60	1.3	74
豚肉とキャベツのソースいため	237	22.9	10.2	11.8	2.7	59	1.2	291	0.99	0.26	38	1.3	67	1.1	76
豚肉の酢煮	144	18.6	4.8	4.9	1.1	15	0.9	2	0.77	0.21	2	0.3	53	1.8	98
鶏肉の網焼き 薬味おろしかけ	144	19.3	4.0	5.1	1.5	33	0.9	54	0.10	0.24	16	0.3	92	0.6	104
牛肉とさやいんげんのしょうゆ煮	171	18.1	8.1	5.5	1.2	30	1.5	52	0.10	0.25	5	0.5	54	1.0	106
ささ身のねぎみそはさみ焼き	97	19.0	0.8	2.1	0.7	10	0.4	17	0.08	0.10	18	0.4	54	0.5	108
豚肉とキャベツの重ね蒸し	168	19.2	5.0	9.2	2.5	56	1.0	290	0.80	0.23	44	0.4	53	1.0	110
ゆで豚のオクラソースかけ	146	18.6	4.9	5.3	2.1	44	0.9	46	0.79	0.23	6	0.7	53	1.3	112
鶏肉のからし酢かけ	152	22.9	3.6	3.4	0.0	6	0.3	9	0.08	0.11	3	0.6	70	1.4	114
豚肉とこんにゃくの煮物	113	19.5	1.7	4.9	2.3	56	1.4	6	0.81	0.26	5	0.3	51	0.8	117
牛肉の串焼き	216	22.1	10.1	6.3	1.4	14	1.7	100	0.13	0.26	28	1.3	67	1.3	118
和風ロールキャベツ	174	21.7	6.6	8.6	3.6	59	1.3	362	0.87	0.35	39	0.6	108	1.5	118
鶏ひき肉のつくね煮	139	18.3	4.3	6.5	2.8	152	2.4	49	0.16	0.17	36	1.2	35	0.8	119
主菜●魚介類															
ツナのたたき風	75	12.7	0.8	6.2	2.8	58	1.0	132	0.09	0.09	12	1.1	25	1.0	20
ツナと大根のいり煮	85	12.4	0.8	7.2	2.1	41	0.7	9	0.05	0.06	18	0.3	25	0.7	22
タラと野菜のホイル蒸し	123	19.3	0.6	8.3	2.3	77	0.7	293	0.14	0.15	29	1.2	58	1.1	26
ホタテ貝柱のおろし煮と煮野菜のおかかあえ	114	16.8	0.6	10.1	1.9	51	0.9	51	0.06	0.13	36	1.2	29	0.7	28
サケの網焼きとアスパラときのこのあえ物	87	12.8	2.3	3.1	1.3	16	0.7	25	0.14	0.21	8	1.1	30	0.5	28
カジキのなべ照り焼きともやしとにらのいため物	138	21.5	1.5	7.4	2.5	40	1.3	242	0.13	0.18	21	2.1	37	0.8	29
サケ缶とセロリの具だくさん汁	63	10.3	0.7	6.2	2.6	31	0.7	295	0.08	0.12	5	0.4	18	0.9	30
タラと野菜の煮物	115	19.8	0.5	6.4	2.2	57	0.6	735	0.16	0.18	26	1.6	58	1.6	36
サケのレモン蒸し	124	16.5	3.1	5.3	1.9	61	0.7	24	0.15	0.19	32	1.2	41	0.4	38
サケのレモンじょうゆ焼き	128	18.6	3.3	3.0	0.5	16	0.6	22	0.13	0.19	15	1.2	47	1.0	48
イカの照り煮	106	19.5	1.3	3.3	0.5	22	0.4	32	0.09	0.10	6	2.6	270	1.7	50
アジのたたき焼き	154	22.7	4.0	5.1	1.6	65	1.4	86	0.12	0.24	12	0.7	77	1.5	82
カレイのカレーじょうゆ煮	111	16.8	1.1	3.9	0.2	42	0.4	20	0.03	0.31	3	1.3	57	1.2	84
アジの焼き南蛮	145	21.2	3.5	4.4	1.0	35	0.8	29	0.12	0.22	11	0.7	77	1.4	86
タコのから揚げ おろし添え	167	22.1	5.8	4.5	1.3	42	0.4	7	0.05	0.06	11	2.9	150	0.6	88
エビのさんしょう焼き	123	26.1	0.7	0.6	0.0	51	0.7	10	0.13	0.08	0	2.2	204	0.9	92

料理名	エネルギー kcal	たんぱく質 g	脂質 g	炭水化物 g	食物繊維 g	カルシウム mg	鉄 mg	ビタミンA（レチノール当量） μg	ビタミンB_1 mg	ビタミンB_2 mg	ビタミンC mg	ビタミンE mg	コレステロール mg	塩分 g	掲載ページ
イカのしそ焼き	107	18.7	1.2	3.8	0.7	24	0.3	121	0.08	0.07	16	2.6	270	1.4	94
ホタテ貝柱のうすくず煮	146	16.7	0.4	17.4	2.9	30	0.7	442	0.07	0.12	18	1.3	26	1.3	96
アサリとにらの茶わん蒸し	67	7.3	3.1	2.6	0.7	61	2.6	190	0.06	0.23	6	1.2	129	2.2	116
イカと長芋の煮物	149	17.4	1.4	15.8	1.0	32	0.7	13	0.15	0.07	7	1.9	216	1.2	116
主菜●豆・豆製品															
凍り豆腐と青梗菜の煮物	93	8.5	4.8	3.8	1.5	195	1.2	340	0.04	0.09	24	1.3	0	1.5	24
豆腐とキャベツのいため物	167	10.7	8.8	11.8	3.2	121	1.8	288	0.22	0.13	44	1.5	4	1.8	32
くずし豆腐の鉢蒸し	154	13.8	7.3	6.3	0.6	89	1.9	39	0.17	0.19	1	1.0	118	0.6	90
主菜●卵															
和風スクランブルエッグ	158	13.8	10.3	1.4	0.9	151	2.0	228	0.09	0.40	5	1.8	363	0.5	10
きのこ入りオムレツ	190	14.1	10.1	10.1	2.4	44	1.6	127	0.12	0.38	17	1.4	235	1.1	12
ツナと三つ葉の卵とじ	112	12.9	5.7	1.0	0.5	40	1.3	190	0.05	0.27	3	0.9	230	1.1	14
卵のおろし煮	117	7.9	5.7	7.3	1.9	104	1.9	234	0.09	0.28	23	0.9	218	1.0	16
ひじき入りオープンオムレツ	117	7.9	5.7	9.1	3.2	116	3.1	120	0.09	0.28	5	0.8	218	1.1	18
落とし卵の甘辛煮ときのこといんげんのさっと煮	134	10.5	5.8	12.3	4.2	46	2.1	108	0.24	0.43	6	0.7	218	1.5	27
麩と卵のいため煮	179	12.0	7.1	17.6	3.9	57	1.9	498	0.14	0.33	10	1.2	219	1.2	34
副菜●野菜（煮物）															
野菜たっぷり煮物	43	2.6	0.4	7.6	2.9	35	0.5	459	0.08	0.10	48	1.0	0	1.1	10
ピーマンのじゃこ煮	46	4.8	0.5	5.1	1.8	63	0.3	274	0.05	0.04	47	0.8	39	1.1	18
切り干し大根のピリ辛煮	48	1.3	0.1	11.5	3.1	84	1.6	4	0.05	0.03	0	0.0	0	1.0	42
セロリとじゃこのつくだ煮風	43	4.7	0.4	2.7	0.6	69	0.3	27	0.03	0.03	3	0.3	39	1.1	46
玉ねぎのそぼろ煮	65	5.7	0.9	7.7	1.8	21	0.5	294	0.24	0.10	20	0.5	14	0.4	48
かぼちゃの煮物	54	1.5	0.3	11.6	1.8	10	0.4	330	0.05	0.07	22	2.6	0	0.4	52
玉ねぎのさっと煮	41	1.5	0.2	9.2	1.6	23	0.3	1	0.04	0.03	8	0.1	1	0.4	60
なすとさやいんげんの煮物	33	1.8	0.2	6.4	2.3	26	0.3	34	0.06	0.07	5	0.2	1	1.1	70
れんこんのおかか煮	69	3.6	0.3	12.9	1.6	20	0.7	0	0.10	0.04	38	0.5	4	0.4	72
なすの土佐煮	45	3.7	0.3	7.6	2.6	25	0.6	21	0.08	0.08	5	0.4	6	0.3	82
にんじんとレーズンのきんぴら風	76	1.2	2.1	13.5	1.7	23	0.4	701	0.03	0.03	2	0.8	0	0.9	84
にんじんとれんこんのカレー煮	80	1.7	2.3	13.1	2.5	29	0.6	701	0.07	0.04	26	0.7	0	0.4	86
かぶとこんにゃくのいり煮	64	1.0	2.2	9.9	2.6	55	0.6	4	0.04	0.04	16	0.1	0	0.8	88
セロリと油揚げの梅肉煮	21	1.6	0.2	4.0	1.8	46	0.3	8	0.04	0.04	7	0.2	0	2.0	106
もやしとのりのいり煮	15	1.2	0.0	1.9	0.9	9	0.3	23	0.02	0.04	7	0.1	0	0.7	110
玉ねぎとかぼちゃの煮物	80	2.0	0.4	15.5	2.6	21	0.5	330	0.07	0.08	26	2.7	1	1.0	112
大根とじゃこのいり煮	33	2.8	0.4	3.9	1.0	47	0.3	12	0.04	0.03	9	0.1	20	0.7	114
副菜●野菜（お浸し）															
小松菜のお浸し	17	2.6	0.2	1.8	1.0	87	1.6	260	0.06	0.08	20	0.5	4	0.3	12
にらのからしじょうゆかけ	25	1.2	0.4	4.2	1.4	26	0.5	295	0.03	0.08	10	1.3	0	0.5	32
キャベツの煮浸し	27	1.8	0.3	5.5	1.8	45	0.4	8	0.05	0.05	41	0.1	0	0.4	59
トマトのお浸し	24	1.4	0.1	5.3	1.0	9	0.3	90	0.05	0.03	15	0.9	0	0.9	61
小松菜の煮浸し	21	1.9	0.2	3.2	1.3	122	2.1	364	0.07	0.11	27	0.6	0	0.7	90
ピーマンの焼き浸し	22	1.1	0.1	4.5	1.2	8	0.3	34	0.02	0.03	38	0.4	0	0.9	96
副菜●野菜（あえ物）															
ゆでキャベツのあえ物	95	3.5	4.9	10.7	2.1	97	0.3	26	0.06	0.10	34	0.9	8	0.6	14
ほうれん草のごまあえ	32	2.0	1.1	4.1	2.2	53	1.6	490	0.09	0.15	25	1.5	0	0.4	22
にんじんと貝割れ菜のチーズあえ	58	3.1	2.8	5.4	1.7	108	0.2	790	0.04	0.09	11	0.8	8	0.5	24
青梗菜とサクラエビのあえ物	36	4.0	1.3	2.3	1.2	201	0.4	340	0.04	0.09	24	1.1	35	0.7	30
もやしの梅肉あえ	25	2.3	0.0	4.6	1.6	20	0.6	1	0.04	0.07	11	0.1	0	1.8	36
きゅうりの夏みかんあえ	31	1.0	0.2	7.0	1.2	21	0.3	35	0.06	0.04	26	0.4	0	0.6	42
大根のごまあえ	30	0.7	1.2	4.7	1.3	42	0.4	0	0.03	0.01	9	0.1	0	0.8	44
いんげんのおかかあえ	22	2.5	0.2	1.9	0.7	17	0.4	30	0.04	0.05	2	0.1	4	0.3	46
エビとブロッコリーのごまあえ	70	12.1	1.1	2.0	1.1	45	0.6	30	0.10	0.07	24	1.4	85	0.8	54

料理名	エネルギー kcal	たんぱく質 g	脂質 g	炭水化物 g	食物繊維 g	カルシウム mg	鉄 mg	ビタミンA（レチノール当量） µg	ビタミンB1 mg	ビタミンB2 mg	ビタミンC mg	ビタミンE mg	コレステロール mg	塩分 g	掲載ページ
さやえんどうの卵あえ	51	4.1	2.8	2.7	0.9	24	0.8	67	0.07	0.14	18	0.5	109	0.7	56
青梗菜のからしみそあえ	30	1.4	0.7	5.0	1.3	87	0.3	272	0.02	0.07	19	0.7	0	0.9	58
かぶのゆかりあえ	17	0.5	0.1	3.8	1.1	19	0.2	0	0.02	0.02	14	0.0	0	0.0	59
大根のごま酢あえ	26	0.4	0.4	4.9	1.0	22	0.1	0	0.01	0.01	8	0.0	0	0.5	61
きゅうりとツナのあえ物	33	6.1	0.3	1.7	0.6	15	0.4	32	0.02	0.03	7	0.3	12	0.7	62
きゅうりとコーンのからしあえ	47	1.9	0.5	9.2	1.6	17	0.4	31	0.03	0.05	8	0.2	0	1.2	74
ピーマンとトマトのおろしあえ	50	1.4	0.3	11.4	3.2	34	0.5	97	0.08	0.04	60	1.0	0	0.8	76
アスパラとエビのおろしあえ	61	8.0	0.4	6.5	1.6	34	0.7	34	0.11	0.11	14	1.3	51	0.6	84
きゅうりとホタテ貝柱のあえ物	26	4.4	0.2	1.9	0.6	23	0.3	28	0.02	0.03	7	0.4	12	0.9	86
にんじんときゅうりの豆腐あえ	86	4.4	3.7	9.5	1.7	112	1.0	437	0.07	0.05	5	0.7	0	0.6	88
にらと豚肉のからしあえ	104	12.4	3.5	5.0	1.4	29	1.0	297	0.51	0.19	11	1.5	33	1.2	94
ピーマンとツナのあえ物	36	6.1	0.3	2.8	1.2	8	0.4	38	0.02	0.03	38	0.5	12	0.6	98
三つ葉とかまぼこのあえ物	25	3.0	0.2	3.1	0.7	20	0.5	162	0.01	0.05	4	0.3	3	0.9	104
トマトとささ身の甘酢あえ	93	12.6	0.6	8.5	1.5	13	0.4	138	0.13	0.09	24	1.5	34	0.8	110
たたききゅうりとアジの干物のあえ物	61	6.6	2.7	2.1	0.6	24	0.4	28	0.05	0.07	7	0.4	22	0.5	112
にらとこんにゃくのあえ物	28	1.4	1.3	3.8	2.4	61	0.7	295	0.04	0.07	10	1.4	0	0.5	114
副菜●野菜（酢の物・サラダ・つけ物）															
きゅうりとわかめの酢の物	18	0.8	0.1	4.1	1.6	36	0.2	62	0.02	0.03	7	0.1	0	0.8	16
キャベツのもみづけ	19	1.1	0.2	4.4	1.6	41	0.3	60	0.03	0.03	34	0.2	0	0.5	24
大根のもみづけ ゆかり風味	18	0.4	0.1	4.1	1.3	23	0.2	0	0.02	0.01	11	0.0	0	0.0	40
ゆで卵のサラダ	132	7.5	8.3	6.2	1.2	33	1.2	116	0.06	0.23	9	1.6	217	1.0	44
かぶのもみづけ	17	0.5	0.1	3.8	1.1	19	0.2	0	0.02	0.02	14	0.0	0	0.5	48
大根の甘酢づけ	17	0.3	0.0	3.7	0.6	11	0.2	0	0.01	0.00	5	0.0	0	0.6	50
にんじんとれんこんの酢の物	30	0.6	0.0	6.9	1.2	12	0.2	420	0.03	0.01	11	0.3	0	0.6	64
白菜もみづけ レモン風味	15	0.6	0.1	3.4	1.2	37	0.2	13	0.02	0.02	21	0.3	0	0.8	66
和風おかかサラダ	37	1.7	0.1	7.2	1.8	27	0.4	296	0.03	0.05	11	0.2	2	0.4	92
キャベツとちくわの酢の物	64	4.7	0.8	10.2	1.4	37	0.5	6	0.05	0.04	31	0.2	8	1.2	108
副菜●芋															
さつま芋のレモン煮	72	0.7	0.2	17.1	1.6	26	0.4	2	0.07	0.03	25	0.9	0	0.0	30
じゃが芋とわかめの煮物	67	2.4	0.3	15.2	2.6	44	0.5	60	0.09	0.05	26	0.1	0	0.6	38
じゃが芋とひじきのカレー煮	62	2.0	0.3	15.1	3.5	81	3.2	28	0.09	0.09	20	0.1	0	1.0	50
さつま芋の煮物	70	0.6	0.1	16.8	1.2	20	0.4	2	0.06	0.02	15	0.8	0	0.4	54
ポテトサラダ	94	4.9	3.3	11.6	1.0	69	0.6	12	0.08	0.04	24	1.0	27	0.5	56
じゃが芋とひき肉のきんぴら風	109	8.8	1.4	15.7	1.2	6	0.7	16	0.37	0.12	28	0.3	20	0.9	68
じゃが芋とにんじんとハムの酢の物	70	2.8	1.5	11.2	1.2	9	0.4	280	0.12	0.05	24	0.1	4	0.7	82
長芋のさっと煮	65	2.8	0.4	13.3	1.6	30	0.9	210	0.12	0.09	16	0.8	0	0.6	92
里芋とひじきの煮物	82	2.6	0.3	18.4	4.5	83	3.4	29	0.10	0.10	6	0.7	0	0.6	96
じゃが芋と干ししいたけの煮物	88	3.7	0.5	21.3	4.3	7	0.5	0	0.12	0.15	28	0.0	0	0.9	98
副菜●豆・豆製品															
春菊と納豆のあえ物	48	3.9	1.7	5.0	2.6	75	1.5	375	0.06	0.17	10	1.1	0	0.5	34
いんげん豆とかぼちゃのシロップ煮	115	4.4	0.6	23.2	7.1	32	1.1	330	0.11	0.08	22	2.6	0	0.6	62
大豆とじゃこのいり煮	88	8.9	3.7	5.0	3.4	77	0.9	12	0.03	0.02	0	0.8	20	0.8	64
凍り豆腐とブロッコリーの煮物	122	10.9	5.7	6.4	2.5	129	1.7	65	0.08	0.12	60	2.0	0	1.7	104
副菜●海藻・きのこ・こんにゃく															
ひじきと小魚の煮物	50	4.5	1.3	6.0	3.7	210	3.6	68	0.07	0.23	0	0.3	40	0.6	32
小松菜とえのきたけのあえ物	18	2.2	0.2	4.5	2.6	86	1.9	260	0.15	0.15	20	0.5	0	0.4	52
えのきたけとじゃこの酢の物	25	3.2	0.3	3.9	1.6	26	0.4	12	0.11	0.07	0	0.1	20	0.3	90
玉ねぎとわかめのさっと煮	58	1.9	0.3	12.9	2.8	49	0.4	40	0.05	0.05	9	0.1	1	1.0	94
ほうれん草としめじのゆず香あえ	35	2.5	0.4	6.0	2.9	26	1.3	350	0.12	0.17	22	1.1	0	0.6	106
こんぶとごぼうのいり煮	61	1.3	2.0	9.6	4.3	79	0.9	1	0.03	0.04	1	0.3	0	1.7	108

料理名	エネルギー	たんぱく質	脂質	炭水化物	食物繊維	カルシウム	鉄	ビタミンA（レチノール当量）	ビタミンB_1	ビタミンB_2	ビタミンC	ビタミンE	コレステロール	塩分	掲載ページ
	kcal	g	g	g	g	mg	mg	µg	mg	mg	mg	mg	mg	g	
汁物															
もやしときくらげのみそ汁	30	2.7	0.7	4.2	1.9	23	1.2	0	0.03	0.07	3	0.1	0	1.2	12
豆腐とさやいんげんのみそ汁	65	5.7	2.8	4.3	1.3	86	1.1	30	0.08	0.08	2	0.5	0	1.2	16
じゃが芋とわかめのみそ汁	58	2.8	0.8	11.3	2.2	37	0.5	40	0.08	0.07	19	0.1	0	0.9	18
さやえんどうとサクラエビのみそ汁	36	4.4	0.7	3.6	1.1	82	0.7	28	0.08	0.06	18	0.5	21	1.0	20
ねぎとえのきたけのみそ汁	39	3.2	0.8	7.2	2.7	21	0.9	1	0.13	0.11	3	0.1	1	1.2	22
のりとねぎのすまし汁	16	1.6	0.3	3.1	1.2	16	0.3	70	0.04	0.06	6	0.1	1	1.4	34
ほうれん草のかきたま汁	41	4.0	2.4	1.1	0.8	28	1.0	240	0.06	0.17	11	0.8	84	1.5	38
焼きしいたけと焼きアスパラのみそ汁	38	3.8	1.1	4.7	1.7	26	0.8	19	0.08	0.12	7	0.6	0	1.7	40
にらたま汁	49	4.4	3.0	1.0	0.5	26	0.6	157	0.05	0.16	4	0.8	109	1.2	68
麩と三つ葉の汁物	28	2.5	0.3	3.5	0.7	14	0.4	108	0.04	0.05	3	0.2	0	1.3	70
ほうれん草とにんじんのすまし汁	22	2.0	0.4	3.5	1.9	33	1.0	630	0.09	0.13	19	1.2	0	1.2	72
にらともやしのみそ汁	40	3.6	1.0	4.8	1.8	33	0.8	118	0.05	0.09	10	0.8	0	1.6	76
キャベツといんげんのすまし汁	21	1.8	0.2	3.6	1.4	35	0.3	24	0.04	0.05	23	0.1	0	1.1	100
レタスとえのきたけの牛乳入りみそ汁	62	4.3	2.5	7.7	2.1	74	0.8	32	0.15	0.18	3	0.3	6	1.0	100
さつま芋とねぎと貝割れ菜のみそ汁	83	2.8	0.8	17.4	3.3	60	0.7	81	0.09	0.09	30	1.3	2	0.8	101
まいたけとじゃことパセリの汁物	30	5.8	0.8	1.9	1.8	74	1.1	139	0.14	0.23	12	0.4	31	1.2	102
小松菜と糸こんにゃくのすまし汁	18	2.1	0.2	2.8	1.9	113	1.7	260	0.06	0.09	20	0.5	0	1.0	102
もやしとあさつきのすまし汁	25	3.4	0.1	3.6	1.6	21	0.5	6	0.06	0.09	12	0.2	0	1.0	103
主食															
胚芽精米ご飯	184	3.0	0.7	40.0	0.9	6	0.2	0	0.09	0.01	0	0.4	0	0.0	10
サラダ風冷やしうどん	244	16.6	1.1	40.6	3.9	74	1.2	154	0.19	0.11	19	2.2	85	3.1	62
きのこの温めん	249	17.6	3.9	37.6	5.3	35	1.3	121	0.63	0.30	12	0.9	34	2.2	64
雑菜そば	368	26.2	10.2	40.8	4.9	82	3.8	772	0.33	0.36	26	2.1	54	2.3	66
サケとレタスの混ぜご飯	284	21.0	4.0	38.8	1.7	31	0.8	41	0.24	0.20	5	1.6	47	0.3	68
にんじんご飯のきじ焼き丼	339	22.3	6.5	41.7	1.6	20	1.1	438	0.17	0.25	5	1.2	92	1.1	70
ひじきご飯のタコきゅうり丼	332	21.2	3.4	55.1	6.6	190	6.3	114	0.19	0.21	15	2.3	105	2.1	72
豚肉とキャベツのしょうゆ煮丼	353	22.9	6.0	50.7	3.3	66	1.3	128	0.91	0.27	46	1.3	53	1.0	78
青菜と干物の混ぜご飯	275	12.1	4.3	45.0	2.0	105	1.9	260	0.19	0.14	20	1.3	29	0.7	78
梅風味の混ぜご飯	275	15.8	2.1	46.9	2.5	61	0.7	44	0.18	0.10	6	0.9	34	2.2	79
和風スパゲティ	228	19.2	1.6	33.2	2.6	40	1.4	93	0.16	0.13	8	1.5	79	1.2	80
パスタの和風トマトソースあえ	236	14.9	1.9	41.2	5.6	65	2.7	546	0.27	0.21	50	4.1	14	1.6	80
牛肉とレタスのいため丼	363	22.2	10.6	43.4	3.3	44	2.0	42	0.23	0.27	17	1.3	54	0.8	81
デザート・くだもの・牛乳															
キウイフルーツ	53	1.0	0.1	13.5	2.5	33	0.3	11	0.01	0.02	69	1.3	0	0.0	10・66
りんご	43	0.2	0.1	11.7	1.2	2	0.0	2	0.02	0.01	3	0.2	0	0.0	14
グレープフルーツ	38	0.9	0.1	9.6	0.6	15	0.0	0	0.07	0.03	36	0.3	0	0.0	20・74
オレンジ	39	1.0	0.1	9.8	0.8	21	0.3	21	0.10	0.03	40	0.3	0	0.0	36
グレープフルーツのカラメル煮	57	0.9	0.1	12.6	0.6	15	0.0	0	0.07	0.03	36	0.3	0	0.0	120
抹茶ババロア	88	4.5	4.2	7.8	0.2	82	0.4	51	0.04	0.14	1	0.4	78	0.1	121
黒糖かん	92	0.4	0.0	23.6	1.1	69	1.3	0	0.01	0.02	0	0.0	0	0.0	121
大根のはちみつかんてん寄せ	45	0.2	0.1	12.4	1.8	24	0.3	0	0.01	0.01	12	0.0	0	0.0	122
くず寄せ白玉	105	1.7	0.1	25.0	1.7	15	0.4	85	0.00	0.00	17	0.4	0	0.0	123
かぼちゃの茶きん絞り チーズ入り	96	5.0	1.6	14.0	1.8	26	0.3	341	0.05	0.10	22	2.6	6	0.3	123
牛乳	141	6.9	8.0	10.1	0.0	231	0.0	82	0.08	0.32	2	0.2	25	0.2	50

バランス献立シリーズ ……………………………7
改訂新版

1400kcalの和風献立

献立・料理――――滝沢真理
栄養計算―――――小池澄子　長井志乃
撮影――――――山本明義
表紙デザイン―――後藤晴彦
レイアウト――――佐藤　順（オフィスHAL）
　　　　　　　　峯岸昌代（オフィスHAL）
校正――――――編集工房クレヨン
　　　　　　　　共同制作社

発行―1996年11月　初版第1刷発行
2003年6月　初版第8刷発行
2004年3月10日　改訂新版第1刷発行
2010年4月20日　改訂新版第6刷発行

発行者―香川達雄
発行所―女子栄養大学出版部
〒170-8481　東京都豊島区駒込3-24-3
電話　03-3918-5411（営業）
03-3918-5301（編集）
ホームページ　http://www.eiyo21.com
振替　00160-3-84647

印刷所　大日本印刷株式会社

ISBN978-4-7895-3517-5